I0150039

# ALBERT
# TADLEWSKI

*le fils spirituel d'Ignacy Jan Paderewski*

**Marjorie
BERNADAC**

*Préface de Marc ZAJTMANN*

www.tadlewski-albert.com

© 2017 Marjorie Bernadac. Tous droits réservés.
Texte intégral - Première édition
ISBN : 978-2-9561484-0-1

*« Ce livre est dédié à Franca Tadlewska »*

*Nice le 8 juin 2017*

# Liste Musicale

Avant de commencer votre lecture, j'ai aimé vous faire partager les versions ou les oeuvres musicales qui ont créé un univers autour d'Albert Tadlewski pendant l'écriture de ce livre.

**Si vous désirez vous immerger totalement dans le texte au travers des sons, en voici la liste.**

Je vous souhaite une bonne écoute et une bonne lecture.

• *Hans Richter-Haaser, Berliner Philharmoniker et Herbert Von Karajan, 1957 ; Piano Concerto No.2 in B-flat major de Johannes Brahms, Op. 83*
Hans Richter-Haaser mourra d'une ambolie pulmonaire au cours d'une répétition de ce Concerto à Brunswick, le 18 décembre 1980.

• *Deutsches Symphonie-Orchester Berlin et Günter Wand, 1994 ; Symphony No.1 in C minor, Op 68 de Johannes Brahms*

• *Le concerto pour piano et orchestre, Op.17 de Ignacy Jan Paderewski, 1888*

• *Polish Fantasy, Op.19 d'Ignacy Jan Paderewski, 1893*

• *La sonate pour violon et piano, Op. 13 d'Ignacy Jan Paderewski, 1882*

• *Yvonne Saubert - élève d'Albert Tadlewski -, avec l'orchestre du Casino d'Evian sous la direction de M. Hesse, 27/08/1934 ; Piano concerto No.2, Op.21 de Frédéric Chopin*

• *Virginie Robilliard, violon, et Bruno Robilliard, piano, 2015 ; Sonate pour violon et piano en la majeur FWV 8 de César Franck, « De Baudelaire à Proust »*

• *Mstislav Rostropovich, violoncelle, et l'Orchestre National de France, Leonard Bernstein, 1976 ; Schelomo, Hebrew Rhapsody, Ernest Bloch.*

• *Kölnel Rundfunk-Sinfonie-Orchester et Günter Wand, 1979 ; Symphony No.9 in D minor, WAB 109, Anton Bruckner.*

# Préface
## par Marc Zajtmann

«L'histoire fera son tri». Cette expression suggère que le temps est capable de séparer le bon grain de l'ivraie et, plus largement, que les années passées permettent naturellement de ne se souvenir que des personnages et des faits dignes d'intérêt. L'oubli des autres serait donc légitime...

Mais l'histoire est souvent injuste, cruelle même. Nombreux sont ceux qui, bien qu'ayant apporté leur pierre à la vie culturelle et intellectuelle de leur époque, sont aujourd'hui totalement oubliés.

C'est précisément le cas du pianiste Albert Tadlewski, illustre à son époque, né en 1892 et mort en 1945, âgé seulement de 53 ans.

Soucieuse de réparer cette injustice, Marjorie Bernadac nous livre ici un témoignage vivant, direct, fruit d'une recherche méticuleuse où s'entremêlent musique, histoire et anecdotes recueillies notamment auprès de la propre fille de Tadlewski, âgée alors de 91 ans.

Outre l'aspect musical, Marjorie Bernadac évoque le destin tragique des juifs d'Europe de l'est dont l'histoire est rythmée par d'incessantes persécutions. La seconde guerre mondiale, la Shoah et l'enfer des camps seront le paroxysme de ce cauchemar. On suit ainsi, sous la plume sensible de Marjorie Bernadac, la douloureuse histoire des juifs de Lwow auxquels l'émancipation sous l'empire Austro-hongrois, donne plus de liberté et d'espoir...

Malheureusement, l'antisémitisme ambiant restera omniprésent et c'est dans ce contexte de tourmente que Tadlewski évoluera à la fois en tant que pianiste mais aussi dans ses études de médecine.

Il aura l'opportunité d'étudier le piano avec d'illustres professeurs, dont le plus célèbre sera I.J. Paderewski, véritable légende du piano et homme politique polonais. Tadlewski deviendra véritablement son disciple et nouera avec Paderewski des liens amicaux profonds jusqu'à la mort du grand virtuose polonais.

Ses talents incontestables de pianiste lui vaudront l'estime de nombreux musiciens. Brillant interprète, mais aussi pédagogue sincère et profond, il restera un modèle de dévouement pour ses nombreux étudiants envers lesquels son investissement est sans limites.

Tadlewski a largement contribué au développement musical de la ville de Nice où il fonde une école et organise de nombreux concerts.

Plus soucieux de ses élèves que de lui même, refusant de les abandonner, Tadlewski restera dans cette ville malgré l'arrivée des nazis en 1943.

Comme Simone Veil, il fera partie des convois de juifs niçois déportés à Auschwitz.

Marjorie Bernadac a réussi, par son approche vivante, fine et sensible, à pénétrer l'intériorité de cet être exceptionnel qu'était Albert Tadlewski. Outre le pianiste, elle nous a fait entrevoir de façon naturelle, simple, sans emphase, l'homme qui habite le musicien.

L'iconographie abondante qu'elle a rassemblée permet au lecteur de donner un visage au maître Tadlewski.

J'espère vivement que par ce beau travail, passionnant, émouvant, Marjorie Bernadac permettra de faire sortir de l'oubli Albert Tadlewski, artiste émérite injustement oublié...

Marc Zajtmann
Pianiste, musicologue et conférencier.

Première époque

# «Lumière et ombre»

*« Je m'appelle Albert Israël Tadlewski et je viens de naître... »*

Dans le froid de l'hiver polonais, Leontyna, 19 ans, met au monde son premier fils : nous sommes le 6 février de l'année 1892. Albert pousse son premier cri à Lwow, ville de Galicie sans cesse tiraillée entre ses puissants voisins avides de territoires ou par ses religions plus ou moins tolérantes.

Cette patrie « Pologne » a du mal à exister d'elle-même, et de par son histoire, il existe un mélange de cultures, c'est aussi ce qui forge ce pays. Allemands, Russes, Autrichiens, Ottomans ; sans compter les communautés et les religions. C'est véritablement une terre d'accueil et d'exil, d'envie, mais aussi de guerre. Ce peuple compte aussi des Ukrainiens, des Arméniens, des Tartares, des Hongrois, des Caraïtes, ...

*« Et moi je suis juif »*

Bien que les années douloureuses semblent terminées,
on se souvient. Le père du petit Albert, Jakób Isaak
Tadlewski est un modeste employé des télégrammes de
27 ans, respecté. Mais cela n'a pas toujours été le cas.
Il y a un siècle, en 1772, cette terre fut encore partagée,
divisée et Lwow devint la capitale du « Royaume de Galicie
et de Lodomérie ». L'histoire les libère de l'Ukraine plus
tard, mais pour mieux se faire engloutir par le royaume
de Habsbourg. Étrangement, il faut avouer que le sort de
leurs ancêtres s'améliora un tant soit peu.

Sortie du joug des orthodoxes, cette communauté juive eut
le « droit » d'exister. Elle jouissait, dans l'ensemble, de plus
de liberté et pouvait vivre en sécurité. Néanmoins, il leur
était impossible de quitter le « ghetto de Lwow » - celui-ci
avait été organisé par les anciens propriétaires ukrainiens
-. De plus, les juifs devaient suivre des lois injustes :
s'acquitter de taxes supplémentaires par exemple.

Mais à l'arrivée de Joseph II, celui-ci estima qu'ils avaient
le droit de « vivre », les communautés minoritaires n'étant
plus considérées comme des « choses » à part. Ainsi, il leur
accorda quelques places importantes dans la société, une
vraie révolution.

Dès lors, il y eut l'égalité juridique accordée aux juifs en
1867. Cela leur octroie le droit de faire de hautes études

universitaires et de contribuer ardemment à la vie culturelle, économique et scientifique de l'empire austro-hongrois.

Aujourd'hui les juifs sont 57.000 à Lwow, et ils sont en grande partie commerçants, les « héritages » du passé leur tenant encore à la peau, mais on retrouve aussi des médecins, des avocats, des musiciens... Leur culture se construit et s'immortalise dans les livres écrits en hébreu, en yiddish, mais aussi dans toutes les langues qu'ils pratiquent. Ils en sont fiers et respirent dans une forme de liberté.

*« Je suis de Lwow, de Lemberg, de Leopol, de Lviv et j'emporte en moi son essence : elle est Lev, le lion. »*

Ainsi, son nom est Tadlewski, il vient de «Tadeusz», connu en Pologne depuis le moyen-âge. Ses origines se dessinent dans l'araméen : « un homme à large poitrine », et l'on trouve Albert assez grand pour son âge d'ailleurs. L'avenir nous le confirmera.

Jeune, il évolue comme les enfants de n'importe quel pays à qui il ne manque rien : de l'amour, une famille liée, et une sorte d'aisance matérielle dans une paix relative.

En premier, la musique le fascine et ses parents ne s'y opposent pas, bien au contraire. Car leur quête de reconnaissance doit s'imposer par les études et les positions sociales. Tout cela en vue de compenser les désavantages sociaux collectivement subis depuis tant de siècles, et les droits accordés leur permettent enfin de le faire. Musique, et pourquoi pas médecine ou droit ? Trouver une place, montrer toutes les facettes de leur opiniâtreté et de leur ténacité amèrement éprouvées depuis des centaines d'années, tout celà les conduit à un fervent apprentissage rapide, efficace, impressionnant. De plus, l'empire est reconnu comme un grenier culturel et universitaire de toute l'Europe et même au-delà, il est naturel pour eux d'en profiter.

C'est ainsi que les grands prodiges de l'époque parlent sans cesse au creux de l'oreille aiguisée du petit Albert et l'inspirent. Le romantisme est à son crépuscule, Chopin nous a quittés depuis déjà 50 ans. Le jeune garçon n'a malheureusement pas connu Liszt, mais ses parents et ses professeurs lui en parlent avec grandeur. Les ombres et les sons de ces génies errent dans les couloirs du conservatoire de Lwow où il est inscrit.

Il faut dire que ce prestigieux établissement trouve ses racines en la « Société Sainte-Cécile », création de Franz Xaver Mozart : « le fils ». C'est en 1854 que cette société ouvre les portes de son prestigieux conservatoire de musique sous la direction du maître Karol Mikuli. Il était pianiste, compositeur et chef d'orchestre, et devint bien vite ami et assistant de Chopin dans les années 1840. Frédéric lui demandant de réécrire ses partitions juste avant l'édition, ce qui le conduisit évidemment à devenir son éditeur. Grâce à cette fameuse rencontre à Paris, Mikuli trouva source d'inspiration auprès d'Alfred de Musset, Heinrich Heine, George Sand et Liszt - avec qui il entretiendra une durable amitié -. En tant que directeur du Conservatoire de Lwow, il forma durant 30 ans les élèves au piano, à l'harmonie, aux formes musicales, au contrepoint, à la composition, à la théorie et au rythme, mais il enseigna également à certains qui, plus tard, ont été les professeurs d'Albert. Malheureusement pour celui-ci, Karol Mikuli décida de quitter le conservatoire avant même que le jeune pianiste ne vienne au monde, mais son enseignement reste toujours réellement présent.

Vilém Kurz est donc son directeur et professeur, prix Rubinstein - Anton bien sûr -. Son enseignement est largement inspiré de celui de Teodor Leschetizki ou de ses pupilles.

Au sujet de Teodor, on le croise très régulièrement au conservatoire, il a acquis une certaine popularité en tant que professeur du fameux Ignacy Jan Paderewski; pour mémoire, depuis Paris en 1888, lors du concert à la salle Érard auquel assistait notamment Tchaïkovski, Paderewski fut rappelé sur scène une heure durant. L'engouement du public pour lui ne cessa de grandir, ce qui lui assura une centaine de récitals aux États-Unis en 1891. Sa carrière est indubitablement lancée et par la même occasion on parle de Leschetizki et de sa fameuse méthode, bien souvent controversée. Il faut tout de même lui accorder qu'il forma au piano plus de mille pianistes ! Teodor avait de qui tenir, puisqu'il était lui-même élève de Carl Czerny...

C'est dans ce contexte de professeurs issus d'un patrimoine musical riche qu'il commence l'étude du piano.

*« J'ai 8 ans, et je suis un enfant passionné et assidu. »*

Gammes, arpèges, études, ses doigts d'enfant sculptent le piano autour de Mozart, Beethoven et bien vite Chopin, Liszt. C'est son langage, sa force de vie. Pendant ce temps-là, sa mère donne vie à d'autres Tadlewski. Après Marcin Eugeniusz, son premier frère arrivé en 1893, sa sœur Zofia Tadlewska vient au monde en 1899.

*« 1900 » :*

Paris et sa fameuse exposition universelle, Albert entend parler de la France, et il voit bon nombre de ses amis juifs quitter Lwow pour d'autres contrées. L'immigration est importante à l'époque, clairvoyance peut-être ? Avec du recul, ils ont fort bien réagi. Le jeune pianiste apprend la musique en polonais et en allemand.

Et voici encore un « Tadlewski » en 1902, son frère Edward devient le quatrième. Les journées s'articulent et les mois s'envolent.

*« Oui, mais pourquoi ne pas faire médecine ? »*

Son père serait tellement fier d'avoir un fils-médecin. Alors il s'inscrit pour suivre les cours de médecine à l'Université de Vienne. Il est fascinant de voir combien les juifs sont nombreux ici. Leur émancipation prend toute son ampleur, ils représentent 49% des effectifs, c'est considérable. Il apprend au contact des plus grands professeurs et docteurs de l'époque, cette Université étant considérée comme l'une des plus prestigieuses de toute l'Europe. Les étudiants viennent de très loin pour y suivre les cours et elle talonne Paris en nombre d'effectifs.

*« Vienne, capitale des juifs du monde ? »*

Depuis la fin du 19e siècle et grâce à leur brillante présence en tant que médecins, avocats, notamment, Vienne apparaît comme une fière capitale pour cette communauté. Et pourtant il s'y développe de nouvelles formes d'antisémitisme : le « Christlichsociale », influencé par l'antijudaïsme religieux, et « l'Alldeutschen », un mouvement pangermaniste. Un certain Adolf H., viennois pendant quelque temps dans les années 1910, sera sans doute influencé par ces mouvements, mais nous n'en sommes pas encore là...

*« Pianiste et médecin »*

En 1911, le conservatoire de Lwow ouvre une faculté de musicologie à Vienne, elle est dirigée par Adolf Chybiński, célèbre musicologue. Albert n'arrête pas, circule entre la médecine et la musique, dévore frénétiquement tout ce que ses maîtres lui promulguent d'un côté comme de l'autre.

Il suit les cours de piano de Godowsky et cela jusqu'en 1914. Profondément doué pour la musique, le prodige Leopold maîtrisa, par exemple, le concerto pour violon de Mendelssohn à 7 ans, avant de se tourner vers le piano, qu'il apprit presque en autodidacte. Il gardera une belle relation amicale avec Albert pendant de nombreuses années, et il y a sa fille Dagmar, de 5 ans plus jeune...

*« J'ai 22 ans, la force, l'envie, l'avenir et pourtant... »*

L'archiduc François-Ferdinand est assassiné. Quelle imprudence, et maintenant l'Autriche-Hongrie a besoin d'en découdre. La politique s'en mêle, et les anciennes querelles reviennent sur le devant de la scène.

*« De nouvelles occasions de conquérir des territoires. »*

La Pologne est profondément divisée, depuis six générations elle est déchirée entre trois empires aux cultures et aux intentions différentes. Avec la mort de l'archiduc se jetant littéralement dans la gueule du loup à Sarajevo, le monde bascule, laissant place à la Russie, qui ne demandait que cela finalement. La Galicie devient le lieu de tous les combats, ainsi que Lwow.

Le 14 août 1914, le grand-duc Nicolas Nicolaievitch, sous le sceptre de l'empereur de Russie, assure aux « frères polonais russes » que la Pologne renaîtra libre dans sa religion, dans sa langue et dans son autonomie. Dès lors, les Tadlewski et leurs amis doivent quitter très rapidement Lwow par peur des pogroms. L'armée russe entre chez eux et la paix est terriblement menacée.

*« Réfugié à Vienne »*

Vienne devient un refuge pour beaucoup de juifs, en attendant que la guerre s'apaise. Mais leur présence n'est pas toujours bien accueillie. Ils sont de nouveau les « responsables », c'est une habitude en somme, et ici, c'est de l'augmentation du coût de la vie ou des maladies. Heureusement pour lui, Albert arrive à poursuivre ses études, car avec l'avancée des Russes, le conservatoire de Lwow a été transféré en Autriche en 1915.

*« Je suis jeune et c'est la guerre... »*

Dans une guerre, on enrôle les civils. Alors on force le jeune homme à quitter ses professeurs, abandonnant ses rêves de médecine ou de musique et il subit la guerre de l'intérieur: il rejoint les « autres » dans les tranchées. Se battant pour l'honneur de l'Autriche-Hongrie, il prend les armes contre d'autres Polonais, ceux qui étaient anciennement « Russes ». Une guerre absurde, comme toutes les guerres, d'ailleurs.

*« Vivre, aider et survivre »*

Il combat, se terre, il n'est pas un guerrier et découvre les ressources de l'Homme face au danger, au risque de perdre sa vie. Un jeune étudiant en médecine, quelle absurdité ! Il aide, met ses connaissances au profit des mutilés, œuvre pour les malades quand il le peut. Cette force de vie et cette jeunesse qui résonne lui donnent la force de survivre. Mais un jour, il se fait prendre...

*« Je suis emprisonné »*

Pendant les mois de sa détention, l'Europe se déchire

dans une guerre fratricide. Alors le sort de la Pologne est plus qu'incertain, c'est une habitude historique. En 1915, les Allemands prennent Varsovie et occupent la majeure partie de l'ancien territoire Russe. L'Autriche-Hongrie n'apprécie guère la manœuvre de son « allié », car Berlin envisage d'annexer la Pologne et de la placer sous sa tutelle. Entre 1916 et 1917, tantôt les Allemands ou tantôt les Russes souhaitent son indépendance à condition que les polonais leur prêtent allégeance évidemment.

Pourquoi pas ? Si cela peut faire renaître de ses cendres la Pologne et la faire sortir des grandes nations, car on y croit encore. Le peuple espère surtout une patrie reconnue et respectée. C'est dans ce contexte que le chancelier allemand, le 3 juin 1916 nomme le « Roi » de Pologne Charles-Étienne de Teschen.

*« Je suis libre »*

Lorsqu'Albert sort de prison en 1917, la guerre a laissé des traces indélébiles sur son corps. Gazé plusieurs fois, il a reçu des éclats d'obus dans son ventre, dans l'orbite de ses yeux. Sans compter les quelques travaux forcés lors de son emprisonnement. Il en reste amoindri, souffre et souffrira toute sa vie. Il saura un jour à quel point cette guerre l'aura empêché de devenir celui qu'il aurait dû être. Il n'est pas totalement aveugle, c'est malgré tout une chance. Alors il retourne à la vie civile en portant d'épaisses lunettes qui ne le quitteront plus jamais.

*« Je suis un vétéran concertiste de 26 ans »*

En 1918, il décide de revenir à Lwow pour y donner un concert au profit des soldats aveugles. Ces innombrables aveugles de 14/18, ceux qui n'ont pas eu sa « chance », et qui, dans les tranchées, avaient leur tête bien plus exposée aux éclats d'obus, aux jets de grenades et aux gaz toxiques que dans toutes les autres guerres, et Tadlewski en sait quelque chose. Le 29 janvier 1918, le « roi » Charles-Etienne assiste à la représentation. Il y joue Brahms, Chopin, avec la Sonate en Si, Scriabine, la Campanella, ... Il est ému comme toute la salle qui imagine que le dénouement est proche. Mais ils ne savent pas encore que la guerre n'est pas terminée ici, à Lwow.

*« Je termine mes études »*

De retour à Vienne, il devient officiellement médecin et décide de suivre des cours particuliers avec Moriz Rosenthal, également polonais, pianiste et compositeur. Il était l'un des élèves de Franz Liszt qui possédait les plus grandes aptitudes pour la musique. Dans ses relations amicales ou professionnelles, on reconnaît : Johannes Brahms, Johann Strauss, Anton Rubinstein, Hans von Bülow, Camille Saint-Saëns, Jules Massenet ou Isaac Albéniz. Mais Albert et lui ont en commun Lwow, sa ville de naissance où Moriz apprit le piano avec Karol Mikuli au même conservatoire. Ses leçons sont pour le jeune pianiste un accomplissement, une aubaine.

*« Le 3 mars 1918, la Russie renonce à la Pologne »*

Un espoir pour Lwow d'être libre dans une terre totalement

polonaise ? Un état libre ukrainien est également proclamé avec une frontière aux portes de Lwow. Se pourrait-il qu'une guerre soit libératrice ?

Wilson annonce : « Un État polonais indépendant devra être érigé, comprenant tous les territoires habités par des populations indiscutablement polonaises. Un libre accès à la mer devra lui être assuré », et cela 155 ans après le premier partage.

En septembre, les Allemands ne peuvent plus lutter et le 7 octobre, on proclame l'indépendance de la Pologne. Tout s'enchaîne et la Galicie déclare à Charles 1er d'Autriche quelques jours plus tard qu'elle se considère désormais indépendante dans une Pologne libre !

### « Je suis polonais »

Mais à Lwow comme en Galicie en général, il y a une importante immigration ukrainienne liée aux nombreux nationalistes en exil : près de la moitié des habitants le sont. Lors de la nuit du 31 octobre 1918, où deux régiments ukrainiens arrivent et prennent le contrôle de Lwow, la République populaire d'Ukraine occidentale est proclamée de force.

Les Polonais sont sous la stupeur, et préparent leur riposte. Les juifs de Lwow restent neutres et acceptent sans lutter. Que peuvent-ils faire d'autre d'ailleurs ?

Et pendant ce temps, le 11 novembre, l'armistice est signé

et les troupes allemandes doivent quitter les territoires envahis.

*« Mais à Lwow, les Polonais s'acharnent contre nous les juifs »* ...

... des voisins de palier, des inconnus que l'on rencontre dans la rue, les mêmes qui étaient avec Tadlewski dans les tranchées ou ceux qu'il a secourus. Du 21 au 23 novembre, les troupes polonaises entrent dans la ville. Les juifs subissent violences et vols par les soldats et les habitants. 150 juifs sont tués et des centaines sont blessés. Les polonais incendient trois synagogues et tout cela, en clamant que cette communauté religieuse soutient les Ukrainiens, ce qui est bien sûr faux.

*« Je suis de Lwow, ville martyre »*

Et cela continue, alors que les autres pays pansent leurs plaies, les Polonais cherchent à reprendre la Galicie aux Russes durant près de 6 mois. La guerre polono-ukrainienne prend fin le 17 juillet 1919 avec à son bilan : 10.000 Polonais et 15.000 Ukrainiens morts. On accorde la Galicie à la Pologne, mais pour 25 ans seulement.

*« Et les juifs dans tout cela ? »*

Quand la Galicie devint polonaise, tout espoir de tolérance s'envola, finalement tous les peuples se ressemblent, avec leur haine et leurs peurs. On se souvient du pogrom de Lwow de 1918, et le gouvernement en place leur interdit de travailler dans les entreprises d'État, dans les institutions, les compagnies de chemin de fer, les télécommunications, eux qui avaient gagné la liberté, ils la leur reprennent violemment. Toutes ces mesures sont appliquées strictement et ils subissent des discriminations ethniques, une « polonisation » forcée, leur culture s'efface peu à peu.

L'Histoire est constellée d'actes similaires, et ce n'est pas finie...

*« Paderewski fait son entrée au nom de la Pologne »*

En 1919, Berlin est dans l'obligation de traiter avec les Polonais et non plus le contraire, quelle humiliation pour eux, cette grande nation qui vient de perdre une guerre et des territoires ! Ils n'apprécient aucunement l'accès à la mer du corridor de Dantzig et ils en garderont une certaine amertume durant les années à venir.

On délimite les frontières et les Polonais sont représentés par Dmowski et Ignacy Jan Paderewski, le fameux. Le maître est toujours accueilli par ses compatriotes dans une liesse générale. Le 17 janvier 1919, il est nommé Premier ministre et ministre des Affaires étrangères d'une Pologne qui renaît de ses cendres. Mais pour les Juifs, cette patrie toute neuve n'est pas très accueillante.

*« Et je suis fatigué, je pars, j'ai 27 ans... »*

Deuxième époque

# «Aube et naissance»

*« Je suis Albert Tadlewski, le concertiste »*

Oubliant la médecine, il décide de suivre son instinct et d'accepter une tournée. On parle de lui et il devient le jeune concertiste qui entame un périple musical dans toute l'Europe. Il est respecté dans le métier.

Après le concert événement de Lwow en 1918, on le demande en Autriche la même année. En 1921 et 1922, le voici en Allemagne puis en Espagne et en Italie...

*« La chute du lion »*

Mais voilà que la tournée qui aurait dû être son intronisation est annulée, son état de santé s'aggravant de jour en jour. Facilement en proie aux maladies, une attaque de fièvre typhoïde a raison de lui. Albert est anéanti par la douleur, physique et morale. Malchance ? Destin ? Fatalité ? Il doit prendre des décisions.

*« Alors je suis professeur »*

Il se résigne à rentrer dans le professorat moins intense physiquement, mais il bout intérieurement de ne pas vivre ce pour quoi il s'est tant battu. Il n'a plus rien à apprendre à Vienne. C'est pourtant là-bas qu'il rencontre celle qui deviendra sa femme : Erminia Farinelli. En 1923, ils arrivent à Nice.

*« J'ai 31 ans. »*

Il a toujours su que la France allait être sa patrie d'adoption. Nice jouit d'une renommée internationale, la « French Riviera » et sa promenade des Anglais sont connues du monde entier. On vient y séjourner de Russie, d'Angleterre, d'Amérique et l'on rivalise de mondanité. Les dames défilent dans leurs belles toilettes au bord de mer ou à Monte-Carlo. Les concerts sont prestigieux et toute la grande bourgeoisie internationale vient s'y installer pour un temps ou pour toujours. Le climat y est propice, les grands artistes de tout bord y séjournent pour trouver inspiration et douceur : peintres, musiciens, acteurs ...

Les palaces s'érigent, les casinos de jeux fleurissent, le luxe s'installe et les hôtels sont très fréquentés. Depuis la fin de la guerre, les touristes de l'Est reviennent progressivement. Que ferait Nice sans les touristes d'ailleurs ? Et Albert se sent enfin le bienvenu.

*« Ma femme Erminia Farinelli, »*

Elle est Turinoise et est la fille du célèbre Arturo Farinelli.

Arturo Farinelli, son beau-père né en 1867 est un critique et philologue italien dont l'érudition prodigieuse ne manquait jamais de se noyer dans une vision romantique. Il a étudié en Suisse, en France et, après un séjour en Espagne en 1887, il s'est investi totalement dans la littérature. Entre 1896 et 1904, il fut professeur de littérature à l'Université d'Innsbruck - Autriche -. Forcé de quitter la profession à cause de son nationalisme ardent, il s'installa à Turin et occupa la chaire de littérature allemande. Sa production abondante, écrite en italien, espagnol, allemand et portugais, comprend des domaines larges tels que la philosophie, la musique, les biographies et particulièrement des essais comparatifs de littérature. Arturo est également un fameux expert en lettres espagnoles.

*« On s'installe et j'enseigne »*

Après l'annulation de sa tournée, Albert doit trouver les moyens de gagner sa vie. Ils louent la « Alice-Jeanne » rue Valentin. Leurs fenêtres laissent entrevoir les travaux en cours de l'église Sainte Jeanne d'Arc, à l'architecture moderne. Dans leur villa, il donne des cours de piano aux jeunes « filles riches » de la bourgeoisie niçoise ou étrangère, et prépare quelques concerts. Parlant le polonais, l'allemand, le français, l'anglais et l'italien, sa « clientèle » est cosmopolite. Sa réputation lui permet de vivre de ces leçons. Avec Erminia, ils sortent et assistent aux concerts. Albert Tadlewski profite de la Côte d'Azur, de sa renommée internationale, de son climat doux propice à sa santé.

*« Le cercle de l'Artistique »*

On parle beaucoup à Nice de ce cercle fondé en 1895 par des niçois amoureux de l'art. Il est un foyer incontournable qui a su s'accorder les honneurs de beaucoup de plasticiens, musiciens, littéraires ... Dans un proche passé, on a pu y voir en concert le violoniste Jacques Thibaud, les pianistes Raoul Pugno et Louis Diémer, ou certains compositeurs en vogue tels qu'Isaac Albéniz.

Jules Massenet est membre du cercle, et apporte son lot de coquettes et de fans. Aux dîners, on rencontre Puccini, membre d'honneur, ou le violoniste Jan Kubelík, mais aussi, dans d'autres domaines, Cheret ou Matta-Hari.

Son déménagement boulevard Dubouchage en 1910, marque une nouvelle ère, une période faste pour le cercle. En 1918, Alfred Cortot y donne son premier concert, il y en aura d'autres à l'Artistique, et Saint-Saëns considère le cercle comme sa nouvelle maison.

Les soirées sont bien fréquentées, on y écoute beaucoup de musique de chambre. On se souvient durant la saison 1922-1923 du « Festival Gabriel Fauré » qui émut beaucoup l'artiste présent. D'ailleurs, c'est à Nice qu'il compose son 13ème Nocturne...

Cette année 1924, les Niçois ont la chance d'assister à l'intervention tout à fait fortuite de Vincent d'Indy qui est de passage au Cercle. Il participe à un concert de musique de chambre en y jouant trois petites pièces pour piano. Le 23 mars, la programmation de l'Artistique enchante Nice avec le maître Honegger. Albert et Erminia aiment fréquenter ce milieu, il se fait connaître et les organisateurs lui promettent des concerts qui ne tardent pas à venir.

*« Une école à Nice ? »*

Il n'existe pas de grande institution musicale à Nice. Comme c'est étrange, aux yeux de Tadlewski, ayant fréquenté les plus prestigieux conservatoires de l'Europe, Nice paraît bien pâle. Il y a bien cette école ouverte en 1916 par la pianiste Adeline Bailet, installée depuis dans les locaux de la Bourse du Travail, mais cela reste limité. Il aspire donc à créer une grande école, mais il n'en a pas encore les moyens.

*« Et les concerts ? »*

Le 26 avril 1924, le pianiste est invité en Espagne à donner le concert inaugural de «l'Association des Concerts Lorca». On saura par la suite qu'Artur Rubinstein et Claudio Arrau se produisirent respectivement en 1926 et 1929.

La même année 1924 à Paris, il partage l'affiche avec Mieczysław Horszowski, son ami pianiste, qui suivit les cours à Lwow, les mêmes années que lui. Ce dernier sera connu pour être l'un des concertistes et professeurs qui aura la plus longue carrière - 101 ans -. Tout jeune, rien ne pouvait présager qu'il serait le Maître de Murray Perahia ou de Peter Serkin.

Le récital de Tadlewski est formé autour de Chopin, Schumann, Liszt et Brahms. Un article paru dans le « Comoedia » parle de lui, de sa brillante virtuosité. Particulièrement dans la Sonate en si mineur de Liszt : « avec un éclat singulier, une générosité d'accent persuasive. Une force sans brutalité, une aisance nerveuse qui lui servent avec beaucoup d'à-propos. » On lui reproche peut-être un peu trop de sentimentalité dans le Carnaval de Schumann, mais fort heureusement « sans tomber dans la mièvrerie.»

En 1925, le 3 avril à Cannes, engagé par Reynaldo Hann, il donne un concert sous la direction de Rhené Baton et l'orchestre « Pasdeloup ». Orchestre fondé par Jules Étienne Pasdeloup un siècle auparavant. C'est sa première collaboration avec cet orchestre, mais ce ne sera pas la dernière.

*« Je suis père »*

En 1926, Erminia donne naissance à deux filles jumelles : Franca et Aimée, nées le 8 juin.

*« Frank Scully, mon ami »*

Courant 1928, Albert fait la rencontre, au cours d'une soirée mondaine, d'un Américain du nom de Frank Scully, écrivain et journaliste. Ils sont nés la même année et très vite, deviennent de grands amis. Frank affirmera par la suite qu'ils étaient comme deux « frères de sang ».

Scully souffre terriblement de la jambe, ayant abusé du sport et particulièrement de l'athlétisme dans sa jeunesse. À l'époque, il déclara une ostéomyélite du fémur, un mot barbare pour désigner un abcès de la jambe. Il a déjà subi beaucoup d'interventions chirurgicales, et ne cesse de collectionner d'autres maladies, telle que la tuberculose. Il passe bien souvent ses voyages à travers l'Europe et l'Amérique en position horizontale, alité, car trop faible. Albert voit cet homme dans de grandes souffrances et essaie de l'aider autant que possible. Ses connaissances en médecine lui donnent les moyens de trouver d'éventuelles solutions au cas par cas et surtout de l'aiguiller vers les bons docteurs. Il sait avec évidence que, malgré la renommée de la French Riviera, les bons médecins ne s'y trouvent pas, ses années passées à Vienne lui prouvant avec certitude le contraire.

En 1927, Frank devint directeur de la publicité à Nice pour le Metro-Goldwyn-Mayer. Ensemble, ils partagent nombre de soirées et Albert dit apprécier particulièrement l'humour de l'américain. Le journaliste est un homme très pragmatique et érudit, les discussions peuvent porter sur de nombreux sujets. Pendant ce temps la secrétaire de Scully, Alice 19 ans, jouit des plaisirs de la Côte d'Azur, des soirées et autres concerts en compagnie d'Erminia.

Frank dira de « Tad » bien plus tard qu'il était « la parfaite illustration de la simplicité, possédant un caractère frais et représentant à merveille les relations amicales que l'on pouvait retrouver dans l'entre-deux-guerres sur la Riviera». Mais cela, Albert ne le saura jamais...

*« Professeur et fier »*

Le professeur Tadlewski donne depuis quelques années des cours de piano à la jeune Janet Clerico, 12 ans, jeune fille très douée. Chauncey Olcott deviendra son père adoptif quelque temps plus tard. Il est reconnu en Amérique comme acteur, auteur-compositeur et chanteur. Irlandais de souche, il séjourne à Monaco entouré de sa famille tout en suivant avec attention les progrès de « sa fille ». En 1934, Janet Clerico Olcott sera la plus jeune interprète à se produire en récital à l'hôtel de ville de New York.

*« Mais avant, il y a 1929... »*

Troisième époque

# «Le Maître et le Phoenix»

*« J'ai 37 ans, c'est la première année de ma nouvelle vie »*

Début 1929, le grand Ignacy Jan Paderewski est en tournée dans toute la France et séjourne à l'hôtel Métropole de Monte-Carlo. Toute la société de la côte le suit dans ses concerts aux profits des orphelins de guerre : à Monaco, Cannes et le 11 février à Nice.

*« Au Palais de la méditerranée »*

C'est en 1920 qu'on décide de créer un autre palace niçois grâce à la fortune du financier Frank Jay Gould. La mode étant au bain de mer et aux casinos de jeux, 30 millions de francs ont été nécessaires à sa construction en front de la promenade des Anglais. Et aujourd'hui le 11 février, la façade est éclairée par des projecteurs, c'est extraordinaire d'autant qu'il n'y a pas un mois que son inauguration a eu lieu. Le grand Paderewski y donne un récital au sein du théâtre aux couleurs de l'art déco. Dans sa merveilleuse salle, fraîchement ouverte au public, Albert assiste parmi des centaines de spectateurs au premier concert dans ce Palais qui sera un des fleurons de Nice.

*« Le maître joue »*

C'est un miracle, une beauté technique et artistique. Il s'agit vraiment d'un des plus grands hommes de sa génération tant humainement que patriotiquement et musicalement. Une fierté pour le Polonais qu'est le jeune professeur-concertiste. Le succès est colossal, la foule pleure en union avec le maître.

Albert parvient à la fin du concert à se présenter, il se fraye un chemin parmi les notables et les admirateurs, et tente une phrase en polonais. Surpris Paderewski lui répond et lui demande son nom.

*« Albert Tadlewski »*

Il a entendu parler du pianiste. Il lui confie connaître l'infortune de sa tournée européenne d'après-guerre.

C'est alors qu'avec un profond naturel, il lui demande où il demeure. Albert lui répond à quelques pas d'ici. Il lui propose alors de l'accompagner jusqu'à sa villa, laissant toute sa cour bien désolée d'avoir perdu son « étoile ».

Ils arrivent dans la modeste villa d'Albert. Paderewski

s'assoit confortablement devant le piano puis lui demande de jouer.
- Maître, que voulez-vous entendre ?
Il lui répond :
- « Ce que vous voulez ».

*« J'y mets toute mon âme et mon coeur »*

Tadlewski commence un Chopin, le termine, regarde le maître... Il est grave et lui demande de continuer. Il continue, donc, et cela pendant plus de 2h. Le musicien se sent vivant, plein d'adrénaline, plein de joie et de respect. Sans aucun doute, l'un des plus beaux moments de sa vie, et Dieu sait qu'elle n'a pas toujours été des plus douces. Sa femme et ses deux filles, Aimée et Franca, le soutiennent de toute leur tendresse avec discrétion.

Il stoppe le récital, attendant que le Maître prenne la parole. Après réflexion, Paderewski dit en polonais :

- « Bon. Je vais revenir à Nice à la fin de ma tournée française. Après mon concert de Paris, dans un mois, et cela pour faire un récital pour vous et pour vos élèves, puis... vous passerez tout l'été avec moi en Suisse. »

Il ajoute :
- « Mais cela à une condition. »

Albert est surpris par ses paroles.

- « Oui Maître, tout ce que vous voulez »

Le maître termine :
- « Vous doublerez le prix de vos cours par la suite ! »

Albert reste interloqué, choqué. Il ne peut pas croire ce qu'il vient d'entendre. En raccompagnant Paderewski, ils échangent encore quelques mots, c'est un homme si digne et prévenant, qui déploie une majestueuse présence et une grande distinction.

*« Chez Frank, »*

Quelques jours plus tard au cours d'un repas avec Scully, Tadlewski vient à parler de cette « anecdote ».

Frank, pragmatique, lui dit :
- « Ecoutez Alberto, c'est une affaire trop importante pour la gaspiller n'importe comment ».

Il lui répond :
- « Mais il me semble impératif de garder une certaine discrétion à ce sujet. »

Scully s'empresse :
- « Nous devons tout dire au contraire. »
Frank insiste :
- « Comment pourriez-vous obéir à ses ordres et doubler vos prix si vous ne faites pas la promotion de son « beau geste » ? Il s'agit d'une chance qu'il faut savoir saisir.»

Le grand pianiste d'1m90 lui répond :

-    « D'accord, mais comment ? Je vous écoute. Je n'aimerais causer aucun désarroi à monsieur Paderewski, il pourrait être très ennuyé que cette histoire soit rendue publique. »

Alors Scully esquisse un sourire et lui dit :
-    « Laissez-moi faire. »

C'est ainsi que Scully fait parvenir quelques télégrammes vantant l'histoire, et bien vite, les articles des journaux internationaux mentionnent ce « fait divers ». C'est en premier le « The New Yorker » qui le relate. Il est maintenant évident que Paderewski soit au courant.

Albert craint tout de même un temps qu'il ne tint pas parole, offusqué par toute l'attention créée sur cet événement.

*« Mais il tint parole le 10 mars 1929, »*

Ce jour-là, le Palais de la Méditerranée fait encore salle comble. Nous voyons des célébrités dans le public qui ont fait parfois de longues heures de route pour venir écouter l'immense pianiste. Paderewski leur offre un récital, et les élèves de Tadlewski doivent se produire également.

*« Il faut que tout soit parfait. »*

Janet Clerico, 13 ans, est remarquée par le maître et elle reçoit de sa part un chaleureux compliment qui sera le moteur de sa future vie d'artiste. Ainsi, c'est avec une grande générosité tant musicale qu'humaine que

Paderewski s'est produit en récital aujourd'hui.
Cette soirée est un triomphe et le maître, égal à lui-même, ne s'offensera pas de la publicité un peu forcée de Frank.

*« L'Institut International de Musique, »*

Bien vite, le coup de pouce que Paderewski octroie à Albert, lui promet de plus en plus d'élèves. Sa notoriété à Nice atteint des sommets et il doit vite prendre une décision, sa villa ne pouvant plus contenir les élèves qu'il n'est pas en mesure de refuser. Maintenant, il sait qu'il est enfin possible pour lui d'ouvrir son institut, sa clientèle étant assurée.

À côté du cercle de l'Artistique et du temple protestant au 29 boulevard Dubouchage, un lieu est disponible[1]. Il convient parfaitement à la création de cette école. Sa promiscuité avec le théâtre lui offre de plus un partenariat tout trouvé.
Tadlewski ouvre des classes de piano, de violon, de violoncelle, de chant et de composition. Il engage des professeurs réputés et offre à Nice une grande école internationale parrainée par l'étoile Paderewski.

*« Juin 1929, notre première audition, »*

La presse relate cette première audition de fin d'année où l'on a eu la chance d'accueillir le maître. Six des élèves se produisent et voici ce que l'on en rapporte :

[ « La séance a été honorée par la présence bienveillante

---

[1] En 1939, l'immeuble « l'Empire » sera construit à l'emplacement de l'Institut au 29 boulevard Dubouchage.

de l'illustre pianiste Paderewski.

Six des élèves les plus avancées ont révélé ce que l'enseignement admirable de leur maître a su leur donner. Ce fut une joie d'écouter Mlle Adélaïde Jaspard, particulièrement intéressante par la force et l'élégance du toucher. Mlle Janet Clérico toute jeune, 13 ans, qui a révélé un talent précoce, duquel on peut beaucoup attendre. Mlle Yvonne Saubert, 19 ans, délicate et expressive. Mme Maud Piggott au touché velouté.
Mlle Andrée Raspini pour son goût et enfin Mlle Ady Cléricy pour la maîtrise et le sentiment de professionnelle applaudie. Les acclamations d'un auditoire choisi et quelques paroles simples et touchantes du grand Paderewski ont largement récompensé le maître Tadlewski et tous ses jeunes espoirs. » ]

L'été arrivé, Albert s'apprête à fermer l'école pour rejoindre Paderewski à Morges, dans sa villa de Riond-Bosson. Il voit s'entrouvrir un avenir clair et empli de musique...

*« Fraternité et master class »*

En arrivant, le pianiste est saisi par la magnifique demeure de Paderewski qu'il a acquise dès la fin du 19e siècle. Sa femme, Hélène Paderewska, la maîtresse de maison les accueille avec chaleur. On est frappé par le naturel mêlé au faste de ce domaine, une forme d'excentricité également, il y a véritablement une collection avicole impressionnante, toutes sortes d'oiseaux rares ou plus «communs». Le roi d'Angleterre leur a également donné des moutons qui broutent non loin de la pelouse.

Artur Rubinstein en parlera plus tard : « Ce qui me frappa tout d'abord, ce furent les deux pianos à queue de concert, dont les claviers se faisaient face. Ils étaient alignés devant deux baies. Les deux instruments étaient couverts de fleurs et de photographies encadrées de rois et de reines, d'infantes espagnoles et d'aristocrates en vue. Je remarquai également un ou deux Américains fort connus ; mais, à mon étonnement, pas un seul Polonais... ».

Paderewski se réfugie ici dans la musique, dans la nature pour oublier sans doute les drames de sa propre existence.

À son arrivée, Albert fait la connaissance de quatre autres pianistes qui suivront les classes de maître à ses côtés : Zygmunt Stojowski, Aleksander Brachocki, Stanisław Szpinalski et Henryk Sztompka.

Dès lors, il faut trouver où résider. Morges est propice, car située non loin de Riond-Bosson. Pour les pianos, il faut les transférer de Lausanne. Ils étudient toute la semaine assidûment, sans répit, puis le samedi après-midi, ils suivent les cours avec Ignacy Jan Paderewski. Des moments de grande concentration où chaque indication du maître est primordiale. Ils profitent et boivent littéralement ses paroles, tentent de les mettre en pratique du mieux possible durant toute la semaine suivante.

*« Samedi, le jour de la rencontre »*

Les cours sont donnés dans la salle d'étude de Paderewski, au premier étage de la villa. Il y a là deux pianos : un droit et un «crapaud». Ces pianos, il faut l'avouer, sont en mauvais état, durs, et ont subi les ravages du temps, car c'est ici que le Maître s'exerce également. Les deux pianos à queue de concert Steinway situés dans le salon sont rarement utilisés. Les cinq élèves se présentent tous les samedis vers 15h, ils doivent attendre que leur professeur finisse son déjeuner. Puis les pianistes jouent à tour de rôle devant lui, ce qui fait profiter à tous des conseils et des directives qu'ils notent chaque fois scrupuleusement. Paderewski est si investi que bien souvent les leçons se terminent tard le soir, vers 22h la plupart du temps.

Puis tout le monde descend. Ils sont au bord du malaise, la tête dans les étoiles et le coeur chaud. Ils s'assoient à table pour le dîner, car ils sont tous conviés. L'ambiance est joyeuse. Le repas se termine enfin dans la bonne humeur générale.

*« Un autre fils de 37 ans ? »*

Assez vite, les choses évoluent. Paderewski demande à Albert de passer plus de temps à ses côtés pour lui enseigner davantage et mieux, ce temps semble compté. Il profite de son enseignement et en ressort indéniablement grandi. Entre Paderewski et lui se scellent des liens particuliers et privilégiés. Après le dîner, Tadlewski reste auprès du Maître pour l'accompagner, et ils jouent au bridge. Paderewski tenant tous les soirs à sa partie de cartes.

Personne n'ignore les douleurs de cet homme qui s'occupe de sa deuxième femme gravement malade, qui enterra son fils unique handicapé et sa première épouse quelques années auparavant. Ce besoin de transmission semble juste et légitime, il s'agit de musique, mais aussi de racines, de gênes. Indéfectiblement, une relation père-fils s'installe entre Ignacy et Albert. Et lui, le juif de Lwow, devient le protégé de l'homme politique polonais, c'est presque surréaliste.

L'été se termine...

*« Mon Maître gravement malade »*

En septembre, on apprend avec angoisse que Paderewski est entré d'urgence à l'hôpital en pleine nuit souffrant d'une péritonite. On a peur de le perdre, mais fort heureusement il se remet. C'est ce jour qu'il dicte ses dernières volontés, croyant que la fin était proche. D'ailleurs, l'avenir laissera le plus grand mystère concernant ce testament. Albert envoie pour son rétablissement un colis de présents et reçoit le 17 novembre un télégramme en remerciement :

-       « Tadlewski, 10 rue cafarelli, Nice :
         Vais mieux
         Profondément touché
         Sollicitude message et superbe cadeau
         Vous remercie cher ami de tout cœur
         Paderewski »

*« Leopold Godowski et Dagmar »*

1929, son ancien professeur Leopold Godowski ainsi que sa

famille séjournent pour les vacances à Nice. Albert se fait un plaisir de les présenter à Frank Scully. Immédiatement, ils se proposent tous deux de leur faire visiter la région. Dagmar, sa fille, est devenue actrice depuis son mariage avec Frank Mayo. C'est une femme fatale au cinéma comme dans sa vie sentimentale, mariée plusieurs fois déjà. Son père acceptant sa forte personnalité du mieux possible et ceci avec une certaine tolérance. Leopold veut tout voir, et comme le dit Scully : « il est tel un étudiant en vacances scolaires ». Tout le ravit, ils les conduisent à Vence, Saint-Paul-de-Vence ou Grasse. Au moment de partir pour Paris, il apprend qu'un petit village médiéval doit être absolument visité, ils doivent donc le conduire à Cagnes, mais cette fois-ci sans Dagmar et Mutz lassées, Albert les raccompagne donc à Nice. Elles préfèrent évidemment le confort du luxueux « Train bleu » que toute la famille doit prendre. Alice et Frank s'occupent donc de faire visiter Cagnes à Leopold, mais au moment de partir il souhaite évidemment voir le fameux mas provençal de Renoir, ils acceptent, mais tentent de le presser. La route est assez longue jusqu'à Cannes où il est convenu qu'il rejoigne sa famille dans le train. Terriblement en retard, Scully fonce avec sa petite Renault à la gare, et après maintes péripéties réussit tout de même à ce que Godowski puisse prendre le train de justesse. La fraîcheur et le naturel de Leopold sont proportionnels à son talent, et les amis garderont en mémoire ces moments privilégiés.

*« Pendant ce temps »*

Les liens se tissent de plus en plus avec le grand Paderewski,

Tadlewski et lui demeurent en contact et échangent fréquemment. Lorsqu'il séjourne à Cannes ou à Nice avec sa suite, Ignacy et Albert passent du temps ensemble. En parallèle, l'école jouit d'un grand succès. Les élèves se pressent et l'institut compte beaucoup de nationalités différentes, en tant qu'étudiants ou en tant qu'intervenants ou professeurs. Le théâtre de l'Artistique son voisin, profite également de tout cela et de la notoriété toute récente que lui a prodigué le « père spirituel de Tadlewski ».

*« 1930, la Suisse. »*

L'été 1930 se passe à Riond-Bosson, Albert retrouve avec plaisir ses acolytes et le rythme effréné des répétitions, des préparations et des cours de perfectionnement avec Ignacy Jan Paderewski. Il se sent presque comme chez lui maintenant, en famille.

*« Sauver une vie »*

Au cours de cette année, la santé de Scully s'est brutalement aggravée. Il fait un voyage à Paris pour voir certains spécialistes des os qui ne sont pas très optimistes. Son abcès se propage dangereusement. Avec le « krach boursier de 29 », l'Amérique est en berne. Il est impossible pour lui de faire le voyage. Albert lui demande de le suivre à Vienne pour qu'il suive les traitements des meilleurs chirurgiens, ceux-mêmes qui lui ont enseigné la médecine quelques années plus tôt. Une des élèves de l'Institut, Madame Evie Currey, doit les aider en tant qu'infirmière, et il décide de fermer l'école le temps du voyage.

Mais Frank préfère consulter les chirurgiens de la côte, il fait des radios et un médecin lui incise la jambe pour soi-disant drainer les liquides. Il s'agit en fait d'une grave erreur professionnelle, c'est inapproprié et risqué. Le pire arrive quelques jours après, il déclare une infection. Tadlewski décide donc de le transporter d'urgence dans une clinique anglo-américaine sur les hauteurs de Nice. Mais il est trop tard, car les médecins pensent désormais à une amputation pour lui sauver la vie. Il est désemparé. Les praticiens profèrent des injures contre les chirurgiens français et particulièrement le charlatan responsable. Albert décide de sortir de l'hôpital avec Frank et le médecin. Il lui répète qu'il faut partir à Vienne, qu'il n'est peut-être pas trop tard.

En urgence, un télégramme est envoyé et tout est arrangé, le fils d'un de ses professeurs de médecine se chargera de l'opération, et cela gratuitement. Il contacte également Paderewski pour le tenir au courant de cette tragédie, le maître propose de faire le déplacement rapidement de la Suisse pour donner les cours à sa place le temps qu'il revienne, ainsi son institut ne restera pas fermé.

*« Mais il est trop tard »*

L'infection se propage vite et il faut prendre une décision vitale. On le transfert de l'hôpital anglo-américain à la clinique Belvédère de Nice. Il souffre terriblement de la jambe et comme si cela ne suffisait pas, il a contracté une pneumonie.

Frank lui demande d'aller chercher son confesseur, car

Scully est un fervent catholique. Il s'agit d'un vieil abbé, grand, mince, aux joues roses avec les mains abîmées depuis ses années de mission en tant que bûcheron au Canada. Son nom est l'Abbé Van den Daele. Albert lui demande donc de venir au chevet de Frank, ce qu'il fait immédiatement. Il l'entend en confession et lui accorde l'extrême onction.

*« Et on lui coupe la jambe. »*

Alice revient en hâte d'Oslo pour s'occuper de lui. Madame Currey le veille également. Sa vie est sauvée, mais il lui manquera un membre. Et finalement, cette tragédie rapprochera Frank d'Alice qui se marieront un peu plus tard.

*« 1931, les concerts reprennent »*

On le contacte pour une tournée en Espagne dès 1931. Entre les cours et la préparation des concerts, le temps lui manque. Ces concerts se font en compagnie de Sigismond Dygat, rencontré à Riond-Bosson, mais aussi avec le violoncelliste Henri Honegger. Ils programment Bach, Mozart, Paganini-Liszt, Chopin, Paderewski et Granados. Dès lors, Albert se doit de jouer les œuvres de son maître le plus souvent possible. La tournée se déroule avec les honneurs.

*«Riond-Bosson»*

Le groupe des cinq est composé cet été d'Aleksander

Brachocki, de Zygmunt Dygat, de Stanislaw Szpinalski, d'Henryk Sztompka et d'Albert Tadlewski.

Les pianistes font la connaissance des «Strakacz». Monsieur Sylwin Jerzy Strakacz vient d'arriver de Pologne, il est le secrétaire du Maître depuis 1919. Cette nouvelle figure fera parler de lui bien plus tard et marquera le début d'une longue période de doute qui se terminera dans d'étranges suspicions. Son épouse, Aniela est également là, en vacances avec leur fille.

Albert sent que les choses ont changé, les élèves semblent ne pas être les bienvenues cette année. Les master class promulguées par Paderewski ne sont visiblement pas au goût du couple. Alors on comprend que le Maître est fatigué, qu'il faut le préserver à son âge, qu'il offre trop à ces « jeunes », et gratuitement de surcroît ! Sans doute, le «président» se force, il ne veut pas faire de peine à son vieil ami Henryk Opienski qui lui a conseillé quelques-uns des élèves présents ... D'ailleurs, le «président» n'aime pas donner de leçons ! De plus Madame Wilkonska est toujours très contrariée par ces « jeunes », le dîner va être froid, car elle aime que tout soit en place et à l'heure, Aniela note dans son journal ce soir-là : [...] écoutez les lamentations de la sœur de Paderewski : « Pauvre Ignace, je n'excuserai jamais M. Opienski. Pourquoi doit-il ramener tous ces élèves ici ? » [...]

Lorsque les cours se terminent à 22h, la tenue d'Albert comme celle de ces compagnons montrent qu'ils ont donné d'eux-mêmes. Cela n'échappe d'ailleurs pas à Aniela qui remarque à quel point ils sont couverts de sueur...

Finalement, les convives se détendent un peu autour de la table. Après ce bon repas, Madame Wilkonska embrasse tour à tour maternellement chacun des pianistes, leur confie un sac de fruits et les invite à séjourner à Riond-Bosson aussi souvent qu'ils le souhaitent: «N'oubliez pas de revenir ici tôt demain matin». Cette phrase n'échappe pas à Aniela qui insistera plus tard sur le fait qu'elle était « désarmée » cette nuit-là...

Cette année pour les séances de bridge, Albert reste en compagnie de Zygmunt Dygat auprès du Maître, Sylvin Strakacz en profitant pour s'éclipser, visiblement lassé par cette routine quotidienne.

Cet été se termine dans une bien étrange atmosphère.

*« Mais un jour Paderewski me contacte et me propose un concert. L'année 1932, j'ai 40 ans »*

Le maître a été demandé pour superviser et organiser trois jours de concerts en hommage à la musique polonaise. Il jouera bien évidemment, et cela au côté d'Artur Rubinstein, Paul Kochanski et Wanda Landowska, sous la direction de Gregoire Fitelberg. Il est convenu que Tadlewski joue en soliste lors de ce festival qui se tiendra à Paris. Il accepte et se prépare.

Malheureusement pour lui, en avril sa santé se dégrade, encore et toujours à cause de ses blessures de la Grande

Guerre. Il est obligé d'arrêter un temps ses répétitions et ses cours.

*« Juin 1932, je suis le Phoenix »*

Le festival de musique polonaise se déroule à Paris dans le cadre des concerts Straram et de l'association des concerts Pasdeloup, avec qui Albert a déjà collaboré à Cannes. Il doit jouer la « fantaisie pour piano et orchestre » d'I. J. Paderewski le 27 juin à 21h. Artur Rubinstein dont la notoriété restera à jamais gravée dans les mémoires se produira également en récital le même soir.

À grand tapage de presse, les concerts se tiennent au Théâtre des Champs-Élysées. Dans l'assemblée, les grandes figures se pressent pour y assister. La veille, le grand Paderewski a donné un récital totalement dédié à Chopin, et évidemment le succès est au rendez-vous, le public toujours en pâmoison.

Ce soir les personnalités se comptent par dizaines : le président de la République française Albert Lebrun, fraîchement élu après le décès soudain de son prédécesseur, Madame Herriot, Madame la Maréchale Foch, quelques ministres et leurs épouses, différents préfets, des ambassadeurs, des généraux, des colonels, des vicomtes, ainsi que d'autres grandes figures, et enfin quelques musiciens ou compositeurs tels que Karol Szymanowski.

La pression est bien grande avant de monter sur scène. L'orchestre entame « Chants éternels » de Karlowicz, un prélude à la musique symphonique polonaise du début de ce siècle.

*« L'orchestre se tait, puis vient mon tour. »*

Albert Tadlewski est accueilli triomphalement par le public en liesse, pressé d'entendre la « fantaisie » de Paderewski, un des plus grands maîtres du clavier actuel. Un peu sous le choc de cette entrée enfiévrée, il s'apprête à commencer. Le compositeur est là dans la salle et il lui fait confiance comme un père. Il est le seul à présenter une œuvre de Paderewski durant ce festival et de plus, avec orchestre. Sous la lumière des projecteurs, le silence se fait. Au moment voulu, le chef Fitelberg donne le ton à l'orchestre qui entame fièrement le premier mouvement. Périlleusement, Albert joue son premier trait seul sur le Gaveau, car les musiciens se taisent, puis il avance avec force et volonté. Les trois mouvements s'enchaînent et les 25 minutes de cette fantaisie se terminent dans un déchaînement général. Évidemment, tous les spectateurs scrutent une réaction du compositeur.

Sa tâche terminée, il profite de la fin du concert. Se succèdent des œuvres de Perkowsky et de Szymanowski qui est présent dans la salle. Le grand violoniste Paul Kochansky rend à ce dernier un magnifique hommage. Puis vient Artur Rubinstein qui prend possession du piano dans trois mazurkas, une étude et une valse de Chopin, il joue magistralement. Le concert se clôt avec deux œuvres orchestrales grandement interprétées par l'orchestre Straram.

*« Le théâtre des champs Élysée vient de vivre un grand moment. »*

Le lendemain, tous les musiciens sont conviés chez l'ambassadeur de Pologne qui donne une brillante réception. Tadlewski est parmi les invités prestigieux qui pour la plupart ont assisté au concert de la veille. Quelle joie de partager la table avec Artur Rubinstein, Wanda Landowska, qui a clôturé le festival cet après-midi au clavecin, ou Karol Szymanowski. Paul Kochanski leur fait l'honneur de jouer pour terminer avec brio ce délicieux moment. Bien sûr, Paderewski et son épouse ne sont jamais bien loin. Il est accompagné par madame et monsieur Strakacz.

Les jours suivants, un peu grisé par tant d'honneur, Albert Tadlewski regarde les journaux et les critiques.

[...] « La Fantaisie pour piano et orchestre de Paderewski fut triomphalement accueillie. C'est pour un pianiste une tâche singulièrement périlleuse que d'interpréter l'œuvre du plus grand maître du clavier : M. A. Tadlewski s'en acquitta d'une façon remarquable et su mettre en valeur toutes les pittoresques inventions dont l'auteur fut prodigue dans cet ouvrage brillant et coloré. »

« Puis l'excellent pianiste Tadlewski exécuta une brillante Fantaisie polonaise de Paderewski, construite sur des thèmes populaires, d'un rythme entraînant, en formules pianistiques remarquables. » [...]

Il retourne à Nice dans la joie merveilleuse d'avoir pu réaliser ce que la vie lui avait enlevé quelques années plus tôt, et cela grâce à la bienveillance de son maître. Il lui sera évidemment toujours reconnaissant et défendra toujours avec ardeur ses compositions.

*« Été 1932, comme tous les étés depuis 1929, mais... »*

En mars 1932, les Tadlewski achètent leur villa Francabella avenue du Parc impérial et l'institut tourne à merveille. L'été approche et Albert ferme encore une fois son école pour rejoindre Riond-Bosson, Erminia et les jumelles sont également invitées en Suisse.

Mais cette année, Madame Paderewska est au plus mal, son illustre époux veillant sur elle du mieux possible. Paderewski a annulé certains concerts et sombre dans la mélancolie.

Aujourd'hui, les cours reprennent avec les concertistes dont Albert fait évidemment partie. Il sait que Paderewski apprécie ces moments qui le changent de son quotidien, et cela n'échappe à personne. L'attachement du jeune polonais pour Paderewski ne cesse de croître et de son côté, avec une profonde dignité, celui-ci le lui rend avec bienveillance. Heureusement, Madame Wilkonska, sa sœur, est auprès de lui et ne le quittera plus jamais.

La table de la salle à manger est allongée à son maximum pour contenir tous les convives. Erminia et les jumelles sont là, mais également Madame Dygat et ses deux petites filles. Paderewski aime la compagnie des enfants, un photographe est ici pour immortaliser ces instants sur la terrasse. C'est le dernier où le Maître donne des master class : fatigue, forte suggestion de son entourage ?

En guise « d'adieux », Paderewski organise fin août un concert de gala à Riond-Bosson avec de grandes personnalités. Durant les jours précédant l'événement Albert n'abandonne presque jamais son clavier, pratiquant son programme avec acharnement afin de donner le meilleur de lui-même. Ce soir, le salon est rempli par un public de choix. Le Maître reste avec ses invités, pendant que ses élèves se concentrent dans la salle de jeu située juste à côté. Alors Ignacy vient chercher avec affection Albert, le tenant par les épaules et l'accompagnant au salon. La performance est à la hauteur de ses espérances, il semble heureux. Pas d'éloge ni de critique, aucun commentaire n'est fait, Paderewski embrasse chacun des artistes un par un avec beaucoup de fierté, le visage illuminé.

*«Il n'y aura plus de master class.»*

Dès lors, les choses changeront irrémédiablement. Les rapports qu'Albert entretient avec Paderewski deviennent plus compliqués, il semble qu'il existe une certaine volonté de le «protéger» du monde extérieur. Il sent qu'il a perdu «son père».

Aniela Strakacz écrira plus tard que les pianistes, dont faisait partie Albert Tadlewski, ont bien profité du titre de «Pupil of Paderewski» - élève de Paderewski - dans leur carrière et que ce « pauvre» Henry Opienski a été abusé. Les mêmes accuseront ce dernier d'avoir forcé le « président » à réaliser ce travail supplémentaire presque inutile et que de ce fait, il enseignait par obligation ou faiblesse.

Et l'amour de la musique dans tout cela ?
Paderewski n'a-t-il pas dédié sa vie tout entière au piano ?
Cela ne lui procurait aucun plaisir ?

*« 1933, un concerto « pour » Paderewski »*

En 1933, on propose à Albert une tournée en Pologne avec trois élèves de Paderewski. Mais il refuse, victime de son succès professoral à Nice, et surtout par crainte de ne pouvoir l'assumer physiquement. Néanmoins, Tadlewski reçoit une proposition de Philippe Gaubert pour jouer le 5 mars 1933 le concerto de Ignacy Jan Paderewski à Paris.

Ce chef d'orchestre est une grande figure dans le monde de la musique, il est également flûtiste et compositeur français, mais aussi directeur de la musique à l'opéra de Paris.

Le concert est radiodiffusé sur « Radio Paris », il s'agit d'un autre grand moment de sa vie de pianiste-concertiste. La salle du conservatoire est comble et les critiques diront « qu'il en a rendu, avec une légèreté sans vains effets, la virtuosité pianistique qui ne cherche pas autre chose que de chanter et se fond souvent dans l'orchestre comme un instrument obligé. » On entend également dans cette représentation du Beethoven, du Joaquim Nin, du Manuel de Falla et du Chabrier.

Désormais, on le présente comme étant le fils spirituel et le fils adoptif d'Ignacy Jan Paderewski.

*« 1934, 1935, 1936 »*

En 1934, Albert apprend avec tristesse que Madame Paderewska est décédée à la suite d'une longue agonie tant pour elle que pour son mari.

Les années suivantes se succèdent entre concerts, cours, dans une magnifique sérénité. Les auditions de fin d'année se font en grande pompe et les élèves de l'institut se produisent avec orchestre. De temps à autre lorsque Paderewski descend à Cannes ou à Nice ils se voient, bien qu'il reste fortement entouré. Albert apprend le piano à Franca avec beaucoup de patience et de douceur, c'est un homme doux. Avec Erminia, ils forment un couple uni et heureux qui profite de la beauté et du calme de Nice. Il prend plaisir à collectionner les timbres, et y investit pas mal d'argent.

*« Je suis de retour à Riond-Bosson... »*

En 1936, Albert est une nouvelle fois invité en Suisse, il rencontre et côtoie les grands amis d'Ignacy Jan Paderewski. Ernest Schelling également un élève de Teodor Leschetizki, qui suivit de 1898 à 1902 des cours avec Paderewski et qui restera pour toujours un habitué de Riond-Bosson ; ou Fritz Kreisler qui à 14 ans, effectua sa première tournée aux États-Unis avec Moritz Rosenthal. Le Maître illumine la conversation de ses traits éblouissants. Des moments de bonheur, inoubliables et enrichissants. Et s'il existe encore entre eux une relation forte, Paderewski est toujours largement entouré.

*« 1937, je suis l'invité de Désiré-Émile Inghelbrecht à Paris »*

En 1937, l'institut propose cinq jours de concert de fin d'année, et présente ses élèves tantôt à l'Artistique tantôt au Palais de la Méditerranée. Tadlewski les prépare au deuxième concerto de Chopin, aux concerti de Mozart... Il tient à ce qu'ils sachent jouer de tout avec orchestre ou en récital. C'est un événement à Nice, suivi par beaucoup de personnes.

Le 10 juillet, Albert est soliste à Paris, il joue le concerto de Paderewski sous la baguette du célèbre chef Désiré-Émile Inghelbrecht et en compagnie de l'Orchestre National de France. Une nouvelle consécration pour le pianiste. Ce concert est retransmis en direct sur les ondes de Radio-Paris et récolte les plus grands hommages.

*« 1938, l'Allemagne en mutation »*

Les années suivantes, les contacts avec Paderewski, qui approche des 80 ans, se font de plus en plus rares.
On s'interroge depuis quelque temps sur l'Allemagne et le nazisme. Adolf Hitler, leur leader, ne cache pas son envie d'expansion. Mais en janvier 1938, on apprend qu'en

application des lois de Nuremberg, tous les juifs sont exclus de la société allemande et qu'ils doivent adjoindre obligatoirement à leur prénom usuel un prénom révélateur de leur « identité raciale ».

En mars, l'Autriche est annexée, avec Vienne où tous les amis de Tadlewski sont pris au piège. Les juifs sont vite ciblés, et en avril, 79.000 personnes sont arrêtées dans la capitale autrichienne, c'est une véritable campagne de terreur dans ce qui est maintenant devenu le grand Reich. On apprend que les médecins juifs ne doivent plus exercer. De plus toutes les activités commerciales, et autres fonctions sont prohibées. Leurs cartes d'identité sont marquées, la synagogue de Nuremberg est détruite.

Toute proche de Nice, l'Italie interdit l'installation sur son territoire des Juifs et ordonne leur expulsion pour ceux arrivés après 1918. D'autres lois anti-juives suivront. L'Italie fasciste se montre très complaisante avec Hitler.

Octobre, le Conseil fédéral helvétique approuve la décision de refuser le droit d'asile aux « J » - juifs allemands portant cette marque sur leurs passeports -. Passeport qui sera confisqué au profit d'une carte d'identité flanqué d'un «J». Seuls ceux détenteurs d'un compte en banque en Suisse seront désormais accueillis. Quelle hypocrisie ! Riond-Bosson semble moins accueillant tout d'un coup.

Et ils regardent le monde tomber en ruine, la France et la Grande-Bretagne prêtes à entrer en guerre.
La Tchécoslovaquie chute et la Gestapo arrête 17.000 Juifs

et les refoule, par camions ou wagons à bestiaux, entre l'Allemagne et la Pologne... mais la Pologne refuse de les accueillir...

*« Allemagne, novembre 1938, »*

Hitler laisse Goebbels organiser un pogrom « antijuif ». Au cours de cette « Nuit de cristal », les nazis de la SA arrêtent 25.000 personnes. Près de 267 synagogues sont pillées et incendiées. 7.500 magasins juifs sont dévastés et 91 personnes sont assassinées...

*« Il y a maintenant un « problème juif ».*

Le 30 novembre 1938, Mussolini revendique la Corse, la Savoie, Nice, Djibouti et la Tunisie.

L'étau se resserre, mais Nice n'est pas encore directement atteinte. Erminia est Italienne, mais dans ce contexte antisémite, Albert et sa famille ne pourraient pas se réfugier à Turin au cas où les choses s'envenimeraient.

*« 1939 »*

En mars, les gouvernements français et britanniques garantissent les frontières polonaises et les assurent de leur assistance en cas d'agression allemande. Mais le 30 juillet, Hitler menace la Pologne au sujet de Dantzig et du « corridor » qu'elle a obtenu par le traité de Versailles. Le premier septembre, Hitler annonce au Reichstag qu'il envahira bientôt la Pologne.

Pendant que la Suisse déclare sa neutralité, la France entre en guerre au côté de la grande Bretagne. Tous les projets musicaux sont alors mis de côté. L'école continue, mais il est maintenant dangereux de parler de ses origines, et cela même à Nice, ville si ouverte jadis.

*« Le 15 septembre, les troupes allemandes occupent Lwow. »*

L'URSS envahit la Pologne conformément aux accords du 23 août. Les Soviétiques justifient leur intervention par la menace que représente la disparition de l'État polonais et de son gouvernement. À Dantzig, Hitler proclame que la Pologne ne s'en relèvera pas et le gouvernement polonais s'enfuit en Roumanie.

Fin septembre, l'armée polonaise dépose les armes à Modlin. La victoire a coûté aux Allemands 10.600 tués, 30.000 blessés et 3.400 disparus. La vaillante armée polonaise compte 66.000 tués, 130.000 blessés et plus de 600.000 prisonniers dont 217.000 aux mains des Soviétiques.

Ribbentrop et Molotov signent le partage effectif de la Pologne. L'Allemagne organise sa zone, en annexe une partie - « Wartheland » - et forme un « gouvernement général » dans la seconde sous son protectorat, l'URSS s'adjuge l'Est évidemment.
Hitler considère les Polonais comme des esclaves et commence oppression et exactions. Albert cherche à avoir des nouvelles de son frère Edward, également médecin, et

de sa famille qui habitent Varsovie. Mais les lettres restent sans réponse. Fin octobre, Himmler impose de faire porter aux Juifs l'étoile jaune afin de les distinguer plus rapidement.

À Paris, on crée un gouvernement polonais en exil, immédiatement reconnu par les Français et les Anglais. Le général Sikorski, grand ami de Paderewski, devient le chef de ce gouvernement et en décembre, ce dernier prend la tête du Conseil national polonais en exil.

« *1940* »

À Nice, on apprend le 2 mars que Le Duce se décide à entrer en guerre aux côtés des Allemands. On sait qu'ils arriveront bientôt par la frontière toute proche.

« *Pologne, Varsovie* »

En mai, on « ferme » le Ghetto de Varsovie où Albert Tadlewski ne saura jamais que son frère Edward et sa famille furent enfermés. Il y aura un miracle pourtant, ils parviendront à se cacher des nazis et il évitera la mort à ses 5 enfants, à sa femme ainsi qu'à lui-même. Plus tard, Edward deviendra un gynécologue de renom et chef d'hôpital polonais.

« *Et pendant ce temps, les Allemands progressent.* »

Le 10 juin, l'Italie déclare la guerre à la France et à la Grande-Bretagne. Les troupes allemandes défilent fièrement à Paris quatre jours plus tard.

Il est impossible pour Albert Tadlewski de savoir ce qu'il faut faire. Aucune terre ne paraît accueillante, mais aux Allemands, il vaut mieux sans doute les voisins italiens.

Dans la nuit du 17 juin, Pétain demande l'armistice. Il annonce la fin des combats à midi, par radio : « Je fais à la France le don de ma personne pour atténuer son malheur. C'est le cœur serré que je vous dis aujourd'hui qu'il faut cesser le combat. »

*« C'est la chute et le 26 juin l'armistice franco-italien est signé. »*

Le 6 juillet, le maire de Nice Jean Médecin se rallie au maréchal Pétain. En tant que sénateur, il vote pour que les pleins pouvoirs soient conférés au maréchal quelques jours plus tard.

En septembre, le préfet Marcel Ribière arrive à Nice pour imposer « l'ordre nouveau » de Vichy. Cela ne prévoit rien de bon. Il est secondé par la Légion Française des Combattants - LFC -, dont le président départemental est Joseph Darnand. Ainsi les premiers groupes de résistance se constituent au lycée Masséna.

Le 23 septembre 1940, une nouvelle incroyable vient aux oreilles de Tadlewski : Paderewski fuit en hâte avec toute sa «cour» vers les États-Unis. C'est une surprise. Comment peut-il quitter son cher Riond-Bosson dans de pareilles conditions ? On le sait pourtant d'un âge avancé et d'une santé fragile.

*« Je suis abandonné par mon père et le monde perd la raison. »*

L'institut est encore ouvert et le professeur donne ses cours, mais pour combien de temps encore ? En octobre, Pétain annonce définitivement la collaboration de la France avec l'Allemagne. Il faudra s'attendre au pire, arrestations de résistants, de francs-maçons, d'opposants politiques, rafles de Juifs sur le territoire français, remis aux Allemands et déportés. Il n'y a bien que sur le plan militaire que le régime ne semblera pas un allié officiel du Troisième Reich, mais le gouvernement Laval reconnaîtra la Légion des volontaires français - LVF - comme une association d'utilité publique et contribuera aussi à l'effort de guerre allemand au moyen de la collaboration de son industrie militaire. Il fournira en outre à l'occupant une forte armée supplétive de répression en métropole, avec la Milice française, responsable d'exactions meurtrières sur tout le territoire.

De son côté, Paderewski tente de conserver ses activités de diplomate et d'orateur ; il s'efforce de galvaniser la résistance extérieure par une série de conférences à travers les États-Unis, mais sa santé décline.

*« En 1941, Hitler se concentre sur le front de l'Est pendant que le régime de Vichy a les pleins pouvoirs. »*

Fin juin 1941, Tadlewski reçoit un télégramme où il

apprend la mort de son père spirituel. Paderewski épuisé a contracté une pneumonie quelques jours auparavant, dont il meurt le 29 juin 1941 à New York, une semaine après son dernier discours prononcé à Oak Ridge - New Jersey -.

*« Je suis un orphelin de la musique. »*

Les premières violences antisémites ont lieu en juillet 1941 à Nice. Pour la famille Tadlewski, la ville n'est plus bienveillante, mais dans un monde en déclin, ou aller ? D'autres agressions suivront en mai, juin et septembre 1942. Les premières actions de résistance niçoise ont lieu justement en 1942, et le 14 juillet une manifestation réunit plusieurs centaines de personnes sur la place Masséna.

Mais deux jours plus tard à Paris, 9.000 policiers et gendarmes français exécutent la plus grande rafle jamais organisée dans la capitale : 12.884 Juifs étrangers (3.031 hommes, 5.802 femmes et 4.051 enfants) seront au total interpellés, un certain nombre réussissant toutefois à s'échapper avec l'aide de certains Parisiens ou de la police. On l'appellera la « Rafle du Vel d'HIV », 7.000 personnes, des familles, sont entassées pendant plusieurs jours dans d'épouvantables conditions au vélodrome d'hiver, pendant que d'autres sont envoyés au camp de Drancy.

Le 26 août, le gouvernement Laval ordonne une rafle des Juifs étrangers. À Nice, 655 personnes sont arrêtées et internées à la caserne Auvare. 560 d'entre elles sont déportées à Drancy le 31 août 1942. Mais ni Albert Tadlewski ni sa famille ne font partie de ces râfles.

À partir du 11 novembre 1942, l'armée italienne occupe Nice et de fait accroît sa zone d'occupation en France pendant que les Allemands occupent la zone libre. Mais grâce principalement à l'œuvre du banquier juif italien Angelo Donati et du capucin Père Marie-Benoît, les autorités fascistes freinent l'application des lois antisémites de Vichy à Nice. La Résistance se poursuit. Le 14 juillet 1943, une manifestation d'un millier de personnes a lieu avenue de la Victoire et place Masséna. Sur la pression des autorités occupantes, Jean Médecin quitte la ville le 27 juillet 1943.

Mais l'Italie capitule le 8 septembre et l'armistice est signé le 10, laissant entrer Aloïs Brunner[2] à Nice.

[2] Aloïs Brunner dira en 1987 lors de son interview au «Chicago Sun Times» : «Les Juifs méritaient de mourir parce que c'étaient les envoyés du diable et des ordures humaines. Je n'ai aucun regret et je le referais»

Quatrième époque

# «L'étoile et la croix»

✿

Avec la capitulation de l'Italie, les frontières s'ouvrent. Erminia et les jumelles décident de partir dans leur maison de campagne sur le lac Majeur. C'est une villa qui appartient à ses parents. Elle supplie Albert de les accompagner, mais il refuse disant qu'il ne peut pas laisser son Institut et surtout ses élèves. Il promet de les rejoindre plus tard...

*« Les nazis entrent dans la ville »*

Le 10 septembre 1943, la Gestapo arrive à Nice et y organise la traque des Juifs selon une méthode organisée par les SS Heinz Rôtke et Aloïs Brunner, ce dernier étant responsable du camp de Drancy. Les rafles sont d'une cruauté jusque-là inusitée en France. Pour la Gestapo, la circoncision valait appartenance à la « race » juive, il n'est pas rare qu'on demande un déshabillage en pleine rue. Des physionomistes installés dans des voitures à ciel ouvert doivent « repérer » les Juifs dans les rues et les arrêter. Les hôtels et les meublés sont fouillés. Des bandes organisées de dénonciateurs font la chasse aux Juifs riches pour les dépouiller avant de prévenir la Gestapo qui se charge de leur arrestation. Tous les trains sont méticuleusement contrôlés, à l'époque, il y a près de 25.000 juifs résidant sur la Côte d'Azur.

Le 11 septembre, Albert est en plein cours, il apprend qu'un de ses élèves est en pourparlers avec les Nazis. Il décide de le rejoindre pour l'aider, car il ne parle l'allemand.

Malheureusement pour tous les deux, la Gestapo les emporte...

*« Arrêté et déporté »*

Albert Tadlewski, 51 ans, se fait arrêter à Nice et on le conduit à l'hôtel Montfleury de Cannes. Là le médecin juif du camp de Drancy, Abraham Drucker - père de Michel -, l'examine sous les ordres de la Gestapo.
Après quelques jours de séquestration, on l'envoie avec tant d'autres au camp de Drancy où il y restera jusqu'à son départ.[3]

*« Un jeudi matin, on me fait monter dans un train surchargé, on me donne une couverture et des vêtements, on me dit que j'en aurai besoin... »*

Le 7 octobre 1943, le train du convoi 60 stationne à Bobigny

[3] Les transferts furent organisés de Nice à Drancy de septembre à décembre 1943 pour un total de 1 819 personnes. On estime le nombre de Juifs vivant, ou réfugiés sur la Côte d'Azur en 1943 à 25.000.

et on fait monter les prisonniers. Chaque wagon verrouillé est pourvu d'un ou deux seaux d'eau et d'un seul récipient pour les besoins hygiéniques. Une centaine de personnes est entassée avec de la nourriture. Il y a également deux wagons « infirmerie » où sont placés à même le sol quelques paillasses. On y trouve les vieillards, les malades de la typhoïde, de la pneumonie, tous mélangés avec les femmes enceintes et les mères qui portent leurs nourrissons.

Lors d'un arrêt, un homme se presse pour chercher de l'eau pour des malades, un sous-officier lui répond froidement : « C'est inutile de leur en donner, ils y passeront bientôt ! ».

*« Trois jours et trois nuits »*

Le train arrive sur un quai de gare le 10 octobre 1943 vers trois heures du matin et il stationne jusqu'à l'aube, les wagons restent fermés et il y fait un froid glacial.

Vers six heures, on ouvre les portes avec une grande violence. Le quai de débarquement des trains se trouve en dehors de la gare, il est désert et isolé. À 800m, on aperçoit un camp et des baraquements entourés de barbelés.

Des SS circulent et donnent l'ordre de descendre tous les bagages à main et de les déposer sur le quai. Tout est empilé devant chaque wagon et est abandonné là. Les voyageurs comprennent que leurs affaires sont perdues pour toujours. Les gardiens crient, les SS frappent avec des cannes les retardataires ou ceux qui essaient de garder des objets qui leur sont chers.

Albert Tadlewski descend lui aussi et est démuni de sa couverture. Il doit rester sur le quai. Les malades sont alors chargés dans des camions puis emportés on ne sait où, l'avenir parlera de chambres à gaz. Alors quelques détenus, dénutris et habillés de tissus rayés, tentent de vider les wagons en quête de nourriture et en évitant les gardiens qui les rouent de coups. Peu à peu, les déportés progressent jusqu'à l'extrémité du quai. Deux SS les attendent, dont un officier-médecin. Alors on ordonne aux prisonniers de défiler devant lui. Avec son pouce ou avec l'aide d'une badine, il dirige les détenus soit à droite, soit à gauche.

Puis vient le tour de Tadlewski, le médecin lui indique la file de gauche où il y a des hommes de 20 à 40 ans dont l'aspect extérieur est relativement robuste, il y a également quelques jeunes femmes. La file de droite, quant à elle, comporte des hommes plus âgés, les vieillards, la plupart des femmes, tous les malades et les enfants.

*« Les faibles sont éliminés »*

Les familles sont séparées et l'on assiste à des scènes de déchirements. Les femmes de la file de gauche sont dirigées à pied vers le camp voisin, tandis qu'on entasse les hommes dans des camions et des remorques. Dans ce convoi sur 1.200 déportés, 330 hommes sont retenus ainsi que quelques femmes, les autres sont envoyés directement à Birkenau, aucune personne ne sera retrouvée vivante.

*« Je voyage vers l'enfer de Monowitz »*

Albert part en camion pour Monowitz, il y retrouve l'homme qui cherchait de l'eau la veille pour les malades du train, un certain professeur Robert Waitz. Les camions roulent à pleine vitesse et les déportés doivent sans cesse se tenir pour ne pas être expulsés. Au bout de dix minutes, ils pénètrent dans un autre camp en franchissant la double enceinte de barbelés.

*« Je suis à Oświęcim, en Pologne... »*

Les SS déchargent les hommes dans la «cour de l'hôpital». Albert est interpellé par quelques détenus qui ne semblent pas souffrir de malnutrition bien qu'en costume rayé, étrange. Ils lui parlent en polonais, en allemand, ils lui disent qu'on va tout lui prendre. Ils réclament des objets de valeurs, monnayables, en échange de nourriture pour les prochains jours. D'autres détenus rodent comme des animaux et demandent n'importe quoi, une chaussette, un bout de tissu, une cigarette ... Une féroce négociation s'entame, tout est bon : il faut de la nourriture pour les malades, pour les faibles, mais bien sûr il s'agit de mensonges, aucun ne les aidera, ils garderont la totalité pour leurs propres besoins. Des SS sont présents et partagent les bénéfices de cette opération providentielle avec les autres, un vrai pillage organisé où les plus vicieux et les plus forts en profitent.

Alors on donne l'ordre de se déshabiller, les déportés sont toujours dans la cour. Tadlewski peut garder ses lunettes et sa ceinture mais ses chaussures lui sont retirées.

*« J'attends mon tour, nu parmi les autres, et j'ai froid »*

Après un temps interminable, on les dirige vers les douches, on les examine de plus près : la bouche, les plis fessiers pour vérifier que rien n'y soit dissimulé. La douche est chaude, mais brève, et rien pour se sécher. Encore mouillés, les déportés retournent dans la cour, subissent une nouvelle humiliation et attendent encore dans le froid. Alors on les habille de vieilles loques rayées trop grandes ou trop petites et de galoches en bois puis on les emmène dans un block du camp pouvant contenir 1.000 personnes.

*« Première nuit en enfer »*

Le lendemain, on leur impose de faire leur lit à la «réglementaire», on leur apprend à se ranger par cinq devant la tente et à saluer en quatre temps. Pour ceux qui ne comprennent pas assez vite, les coups tombent, les gifles pleuvent. Certains SS en retirent même une certaine jouissance et s'en amusent.

Puis vient à midi la distribution de nourriture, il n'y a pas assez de récipients, des cuvettes en fer sont utilisées pour la soupe et cela pour 3 personnes sans aucune cuillère. C'est pitoyable, on imagine bien la scène, et ici tout est bon pour humilier ou rabaisser.

*« Numéro 157.246 »*

Albert Tadlewski est appelé, le SS responsable des formalités saisit à la machine à écrire ceci :

Camp de concentration : Auschwitz
Type de détention : Juif
Numéro : 157 246
Nom et prénom :  Tadlewski, Albert, Israël
Naissance : 6.2.93 (erreur dans l'année)
Lieu : Lemberg
Résidence : Cannes, Dep. Alt - M., 11. Boulevard Mont Fleury
Profession : Concertiste pianiste
Nationalité : Polonais
Nom de la femme : Erminia « Farinetti »
Résidence : Novare, Lago maggiore, Italien, S.E. Arthuro Farinetti
Enfant : 2
Taille : 1,80
Nez : normal
Cheveux : gris
Allure : vigoureuse
Bouche : normale
Barbe : aucune
Visage : ovale
Oreilles : normales
Langues parlées : allemand, français, anglais, italien, polonais.
Yeux : gris
Maladie contagieuse ou infirmité : aucune
Caractéristiques distinctives : aucune
Condamnation pénale : a priori pas

Albert répond rapidement et cache son adresse de Nice, ne parle pas de sa vue ou de ses problèmes de santé dus à la

Première Guerre mondiale. Enfin, son numéro est tatoué sur l'avant-bras gauche : 157.246, il mesure près de 2 cm de haut.

Albert Tadlewski, le professeur, le pianiste, le concertiste n'existe plus à présent.

*« Je suis grand et robuste »*

Après cette formalité, une autre visite médicale est faite, mais cette fois-ci ce sont les médecins détenus qui la prodiguent. Il y a une salle d'attente remplie de déportés. Albert doit encore se déshabiller et attendre. Alors on le fait défiler, car chacun à son tour se présente dans toutes les positions. On lui inspecte particulièrement les pieds et les mains, car l'usine de caoutchouc de Monowitz est loin du camp et les hommes choisis doivent y travailler. Un des médecins lui conseille de ne parler d'aucune maladie, au risque de partir pour Birkenau.

*« Deuxième nuit en enfer »*

Dès le lendemain, le réveil se fait à 5h du matin, on presse les « ouvriers » sur la place d'appel et aujourd'hui il pleut.

Puis un hurlement : « antreten » ! Et tout le monde doit se rassembler derrière leur kapo respectif. Ceux-ci sont souvent recrutés parmi les prisonniers de droit commun les plus violents, ou parmi d'anciens détenus dont la ruse ou la servilité leur ont permis d'échapper provisoirement à la mort. Ici certains sauvent leur peau en se servant des autres ou en les détruisant.

C'est alors que des musiciens détenus, de grands virtuoses internationaux, s'installent près de la porte du camp. Le commandant apparaît, passant en revue les «sentinelles» des troupes. La musique joue des marches entraînantes dont le rythme est judicieusement calculé pour faire défiler 9.000 personnes par rang de cinq durant trente-cinq minutes, la gamelle sous le bras et la tête dénudée. Certains essaient tout de même d'entourer les plus faibles pour les protéger d'une sanction finale.

Il faut maintenant parcourir 5km à pied pour arriver à l'usine de Buna qui est encore en construction. Alors on affecte Albert à des tâches dignes de sa robustesse, aujourd'hui ce sera le terrassement, mais demain ce sera de la maçonnerie, du déchargement de wagons, du transport de matériaux lourds - tuyaux en fonte ou en terre cuite, de sacs de ciment, de sable, de charbon, poutres de fer, ferrailles ... -. Les mains meurtries en quelques jours seulement, il lui semble impossible maintenant de rejouer du piano. L'époque des étés de bonheur à Riond-Bosson est bien lointaine. À l'usine, il voit les Meister allemands ou polonais frappant les prisonniers qui ne travaillent pas suffisamment vite, ils doivent respecter un rythme très soutenu, et de temps à autre, il s'agit de lui aussi. À Buna, il n'y a pas de pauses autres que le déjeuner, celui-ci dure 1 heure tout au plus.

*« Je mange la poussière...*
*Les échardes de bois me font mal aux mains, aux pieds et*

*à l'estomac... »*

À midi, on lui offre une soupe faite principalement d'eau chaude et de quelques légumes séchés avec une portion de pain riche en son et en sciure de bois, pas plus de 200g et un petit rectangle de margarine de 25g.

Dès le premier jour, les guenilles qu'on lui a octroyées ne lui tiennent pas chaud, Albert voit passer des détenus avec des sacs de ciment en guise de sous-vêtement, tout est bon pour se protéger du froid. Les galoches de bois sont trouées et inconfortables. Pas de chaussettes, alors on se bat pour trouver des morceaux de tissu, on s'entoure les pieds avec pour éviter les plaies et les gelures dues au travail en extérieur.

À 17h, ils quittent l'usine et rejoignent le camp où l'orchestre les attend, c'est la même cérémonie que le matin en somme. Les SS fouillent au hasard quelques détenus en quête d'objets prohibés ou recherchés tels que l'alcool. C'est à ce moment-là qu'Albert prend conscience qu'il est sans doute possible de faire rentrer dans le camp illégalement certaines choses. Quelques-uns se font détrousser par des kapos qui ne se gênent pas pour partager et négocier leurs trouvailles rapportées de l'extérieur avec des SS ou d'autres détenus.

L'appel dure plus d'une heure, l'épuisement est à son comble. Enfin, on les dirige vers leur block. La soupe est distribuée un peu plus épaisse que le midi avec quelques pommes de terre pourries et de la fécule, toujours ce semblant de pain à la sciure et un petit morceau de margarine. De temps à autre, les ingrédients utilisés peuvent changer, mais le « potage » reste maigre, immangeable et indigeste. Puis vient le temps des corvées et des contrôles vestimentaires et parasitaires.

À 21h, on peut se coucher sur sa paillasse et aujourd'hui Albert la partage avec un autre prisonnier. Sous une simple couverture, on ne doit conserver qu'une chemise et un caleçon, si l'on déroge à la règle, les punitions tombent avec toujours plus de brutalités. Il comprend vite qu'il est impératif de cacher ses « effets » sous son oreiller au risque que des mains habiles lui subtilisent dans la nuit. Les chaussures, les cuillères sont très recherchées. Et le lendemain après une nuit courte et bruyante, l'accès au lavabo est surchargé, il est impossible de se laver, d'ailleurs il ne possède pas de savon digne de ce nom, juste un tout petit morceau de quelque chose qui se délite bien vite. Dès lors, il ne se douchera qu'une fois par mois et il apprendra à ses dépens qu'il ne faudra jamais laisser ses habits sans surveillance...

*« Un dimanche sur deux, je me repose »*

La peur des coups, des vols, la promiscuité avec les criminels de droit commun, ceux au triangle vert, ou les kapos, obligent un combat de tous les instants. Les «verts» ne manquent de rien, privilégiés en tout ils sont habillés correctement. Ce sont des criminels, des escrocs, des pervers et les détenus en souffrent terriblement. Ils n'hésitent pas à satisfaire les SS, ou leur besoin de violence puisque tout leur est permis.

Robert Waitz en parlera plus tard :

*[...] Les Verts se considèrent nettement comme une essence particulière. Ils n'oublient pas qu'ils sont aryens et que parmi les Aryens, ils sont « Reichsdeutsche ». Le plus souvent, ils logent dans un bloc spécial. Beaucoup battent leurs codétenus. Chez ces derniers les fractures de côtes, les perforations du tympan sont des incidents courants. Certains verts sont homosexuels. Ils ont le plus profond mépris pour les cachectiques, les « musulmans ». Ils n'hésitent pas à leur dire : « Du wirst bald in Himmel gehen » (« Tu iras bientôt au ciel »).*

*Ils sont très fiers de leurs vêtements rayés, faits sur mesure, se font masser par le coiffeur, se font faire par lui des frictions à l'eau de Cologne, des applications de serviettes chaudes.*

*En ce qui concerne la nourriture, ils ne manquent de rien, se procurent de la viande, du saucisson, des fruits en échange de ce qu'ils volent dans le camp : draps, couvertures, pull-over, chemises, etc. ou de l'argent, des bijoux provenant du Kanada. Vivres et alcools sont rapportés de l'usine où se font les trocs. Au retour de certains kommandos, l'immunité est complète, car leur Kapo sait arroser les SS.*

*Un des plus typiques est le Kapo de la « Bekleidungskammer» - magasin d'habillement. Âgé d'une quarantaine d'années, maquereau de haut rang, il raconte avec joie sa vie antérieure. Tenancier de maisons de tolérance à Berlin, il a commis aussi maintes escroqueries dont il reste fier. Très élégant, il circule dans les camps de la région. Dans certains d'entre eux, il a une petite amie qu'il comble de cadeaux. Le SS qui l'accompagne touche sa part des bénéfices de la tournée. Le Kammerkapo est aussi le grand organisateur des représentations théâtrales auxquelles sont conviés les seigneurs et les affranchis du camp. La plèbe, sale et hâve, mal habillée, mal rasée, n'a pas accès à la salle de spectacle, qui est un bloc désaffecté.*

*Le « Lagerälteste » - doyen du camp -, dénommé PK d'après ses initiales, a été condamné pour escroquerie. Colosse à la belle prestance, il est beau parleur, pose en mécène, en protecteur des beaux-arts et des sports. Il est très sensible à la force physique, et parfois aussi, à la puissance intellectuelle. Il se fait masser tous les jours. Il vit certainement mieux qu'il ne l'eût fait en liberté. Il vient de temps en temps au « Krankenbau » et engueule les malheureux musulmans diarrhéiques : « Vous allez bientôt crever et c'est bien fait, vous mangez les pelures de pommes de terre et toutes les saletés imaginables. Vous êtes des « Dreckfresser » - mangeurs d'ordures -. »*

*Il aime appliquer lui-même les « 20 ou 50 coups sur le cul » auxquels sont condamnés les déportés pour maints délits. Parfois, il accepte assez bien les réparties. Un jour, à l'infirmerie, il accuse une douleur au niveau du pouce : « Tu as encore frappé trop fort », lui dis-je. Il acquiesce et me donne une bourrade amicale.*

*Son anniversaire donne lieu à des épisodes dignes de Rabelais : réveil par une aubade, concert dans la journée, visites de félicitations de toutes les notabilités, chacune apportant un cadeau et des fleurs. Les festivités gastronomiques sont remarquables : tonneaux de bière, bouteilles de vin et d'alcool, viande et charcuterie sont abondants... » [...]*

*« Et les jours passent. »*

Pendant plus de 3 mois, Albert Tadlewski lutte et travaille, la fatigue et la malnutrition l'affaiblissent de jour en jour.

Le jour de Noël, 25 décembre 1943, une violente douleur le fige, il essaie de résister, mais demande l'accès à l'hôpital de Monowitz, le Krankenbau - K.B. - après l'appel du soir. C'est dans une queue interminable en extérieur parmi les malades, les blessés dans des états plus ou moins graves, qu'on lui apprend que l'accès est très compliqué, que les médecins ne peuvent pas hospitaliser en même temps plus de 10% des effectifs du camp. Il doit rentrer en mauvais état, mais son état est-il suffisamment grave ? Au bout d'une longue attente, il pénètre enfin dans l'espace des soins ambulatoires, pieds nus sur le carrelage couvert de sang, de pus et de matériels usagés. Alors on l'ausculte brièvement et on lui donne une convocation pour le lendemain matin. A priori, son cas est « recevable ».

*« Une nuit de douleur interminable »*

Il se présente le lendemain matin devant le médecin directeur des services sanitaires et on l'envoie à la salle des douches. Rasé intégralement, on lui demande de rejoindre à 200m son block attribué, cela dans la neige et couvert d'un simple manteau. Il trouve un lit, il attend l'arrivée du médecin-chef et des infirmiers.

Les mois écoulés à travailler comme un força et ses blessures de la Grande Guerre ont rendu Tadlewski plus que fragile. Le médecin arrive et il doit se lever pour s'approcher de lui, l'examen terminé, il se couche, épuisé. Ici, pas de médicaments, de produits de soins, tout est limité. Malgré son état, ce repos est bénéfique.

Quelques jours plus tard, il retrouve Robert Waitz, qui a été désigné médecin-détenu au K.B., et se présente. Ils se remémorent le convoi 60 dans lequel ils étaient tous les deux. Tadlewski lui avoue avoir suivi des études de médecine, parler 5 langues. Au terme de la discussion, le médecin est obligé de voir que Tadlewski paraît «rétabli» et il sait qu'un malade ne doit être ni trop affaibli ni trop aguerri pour pouvoir rester à l'hôpital. Albert doit sortir le 6 janvier 1944 et retourner travailler à l'usine de Buna...

*« Je suis Albert Tadlewski, Klaviervirtuose et médecin... »*

Alors l'improbable se produit, on tente de le garder, on trouve des stratagèmes, et l'on défend sa cause en invoquant le besoin d'infirmiers supplémentaires. Et cela tombe plutôt bien puisque les autorités SS veulent entretenir les détenus dans un « bon état de santé » en ce mois de janvier. Alors, l'ex-détenu-terrassier devient le détenu-infirmier et sa condition change perceptiblement. Ce n'est que le 13 mars qu'il devient officiellement infirmier.

*« Sauvé de la mort, mais parmi la mort elle-même »*

De tous les infirmiers présents, une bonne vingtaine, il est fatalement le plus qualifié, la plupart des autres étant des personnes convenables, mais inexpérimentées. Heureusement, il n'y a pas de « verts » chez les infirmiers. Il faut s'occuper de 1.000 personnes en moyenne chaque jour, le camp de Monowitz comptant près de 10.000 détenus. On lui sert un supplément de soupe et des rations un peu plus importantes, mais la recette reste identique. Pour la première fois depuis son arrivée, un peu d'espoir envahit le cœur de cet homme, ses mains seront préservées et il retournera peut-être chez lui. Il pense à sa famille, à Erminia et à ses filles sans cesse, elles lui donnent l'espoir et le courage nécessaire pour survivre.

*« Le K.B. »*

Cet hôpital est autonome à l'intérieur du camp, il est composé de plusieurs blocks, la plupart étant des blocks d'hospitalisation avec des lits à 3 étages, mais il y a aussi un bureau administratif, des locaux de consultation et une salle d'opération. Les médecins sont tous recrutés parmi les prisonniers, comme Robert Waitz. Ici, on distingue principalement deux groupes : les Français et les Polonais.

L'hôpital est toujours en construction, tous les équipements sanitaires sont réalisés par les détenus eux-mêmes. D'ailleurs, on vient de terminer la salle d'opération, des lavabos et des w.c. ont été créés dans certains blocks, c'est un vrai travail d'équipe pour améliorer un peu la condition des malades et éviter autant que possible les épidémies. On s'attelle maintenant à la construction des locaux pour les infirmiers.

*« Une résistance et une résilience... »*

La plupart des médicaments et des équipements donnés par les autorités du camp viennent des objets confisqués aux nouveaux déportés, mais la majeure partie est volée au « Kanada » ou à l'usine de Buna Monowitz.

Le « Kanada » est le dépôt de tous les effets pris aux détenus, directement amenés de la rampe ou des chambres de déshabillage. Tout est méticuleusement trié, emballé et expédié dans le Reich, une bien belle organisation en somme. Les détenus de ce kommando le nomment «Kanada», car le Canada est pour eux symbole de richesse, de liberté et de bien-être.

Jusqu'à l'automne 1944, 2.000 kilos d'or sont fondus, provenant pour l'essentiel des dents prélevées sur les cadavres. Les pierres précieuses, l'argent, les choses de valeur et les autres objets précieux sont amassés par caisses entières et sont expédiés. On ne compte pas les montagnes de vêtements, les sacs en cuir, les chaussures, les lunettes, les stylos, les briquets... Les tonnes de cheveux qui finissent dans les interstices des coques des U-Boote, dans les coussins ou dans certains vêtements allemands. On sait aussi que cet endroit est une source d'enrichissement personnel pour les cadres-SS qui viennent abondamment y puiser sans crainte.[4]

A contrario, les détenus affectés au «Kanada», ceux chargés de trier les effets personnels, arrivent à « approvisionner » le camp en aliments, vêtements, chaussures, alcool, cigarettes ou autres objets utiles. Ils réussissent au péril de leur vie, à soustraire à la vigilance de leurs surveillants de nombreuses choses. On les fait admettre le soir à l'hôpital, en secret, pour faire des échanges. On cache aussi les gros objets dans les camions qui amènent les repas. Une organisation rodée se met en place. C'est là l'une des premières actions de résistance au sein de l'hôpital. Plus tard, ils réussirent à monter de toutes pièces une machine à rayons X avec le seul savoir des physiciens détenus et les apports des courageux prisonniers, mais ils n'eurent pas le temps malheureusement - ou heureusement - de la tester. C'est dire que cette résistance est une source d'espoir et de bien-être pour beaucoup de détenus. Albert s'attelle à présent à sauver des vies, mais aussi à préserver les secrets qui font de l'hôpital un véritable refuge dans le camp de Monowitz. Il sait que les Allemands ne viennent pas souvent y mettre leur nez par peur de contracter des maladies, et en cela ils préfèrent déléguer.

*« Une organisation importante pour vivre »*

Dans le K.B. on trouve des médecins, des infirmiers, mais également des prisonniers travaillant à la désinfection,

---

98

[4] Lors de la libération, les Soviétiques découvrent 836.525 vêtements féminins, 348.820 vêtements masculins, 43.525 paires de chaussures et un nombre incroyable de brosses à dents, miroirs et autres effets personnels. Il y a aussi 460 prothèses et 7 tonnes de cheveux humains, achetés 50 pfennig/kilo par la société allemande « Alex Zink » établie en Bavière.

au dépôt alimentaire et à la section de distribution de nourriture, des coiffeurs, des blanchisseurs, des artisans qui se chargent de la couture, de la réparation des chaussures, des électriciens, des serruriers ... Toutes ces personnes œuvrent quotidiennement au bon fonctionnement de l'hôpital, mais aussi à la condition des prisonniers. On fabrique également des « cadeaux » pour les SS que l'on propose en échange d'avantages en nature.

*« La sélection : que faire ? »*

Puis vient la « sélection ». Du jour au lendemain tombe brusquement un ordre du médecin-SS. Il faut présenter tous les malades qui sont hospitalisés depuis trop longtemps, et c'est la charge d'Albert Tadlewski. Les détenus doivent se présenter nus devant le médecin-SS, le sous-officier infirmier ou les médecins déportés. Les plus maigres sont écartés, c'est à ce moment-là que les kapos ou les Blockâlteste peuvent œuvrer pour influencer les choix. On voit trop souvent des détenus dénoncés par certains kapos qui ont un contentieux avec eux. Cette sélection a lieu à l'infirmerie, les plus affaiblis sont soutenus par les infirmiers. On y présente les plus démunis physiquement et Albert se rend vite compte que les médecins polonais ne sont pas toujours très tendres et empathiques, présentant avec beaucoup de discipline un maximum de détenus, par complaisance ? Par obéissance ? Pour protéger leur propre vie ? Les médecins français refusent et sont vite qualifiés de « saboteurs ».

Alors les SS prennent leur décision et parlent : ils iront

se reposer dans l'hôpital central de Birkenau ou des kommandos ont besoin d'eux, mais le bruit court qu'il s'agit de chambres à gaz pour une extermination finale. *« Je les envoie à la mort »*

Quelques jours plus tard, les sélectionnés sont regroupés sur la place d'appel, ils sont encadrés par les infirmiers. Puis Tadlewski et les autres les aident à monter dans des camions affrétés à cet effet. Un le supplie de l'aider, il sait qu'il ne reviendra plus, mais il est trop tard, il lui serre la main et les larmes lui montent aux yeux. Deux heures plus tard, les camions reviennent vides de tout corps, et conservent en leur sein quelques croûtes de pain, des bouts de ficelle, des cuillères, des « trésors » qui ont perdu leurs propriétaires à jamais.

*« Résistance ! »*

Les mois passent et Albert est maintenant respecté et nommé comme le « professeur Tadlewski », il ne cesse de venir en aide aux autres. Malgré les nombreuses maladies, épidémies, et malgré les risques pour sa propre santé, il lutte, cherchant comme tous les habilités de l'hôpital à sauver le plus de vies possible. Car il n'y a pas de petits exploits, il n'y a que de grandes victoires ici. On dissimule les morts ou les hommes promis aux chambres à gaz, on truque les fiches, on omet de mentionner certains décédés pour avoir de la soupe supplémentaire. Un grand espoir naît quand ils créent une organisation clandestine prête à saboter et à s'insurger le cas échéant. On rédige des tracts la nuit, on refuse de se soumettre, on se prépare.

*« Janvier 1945 »*

Depuis plusieurs mois, Albert entend de temps à autre les canons russes. Le 13 janvier 1945, il y a 1.100 malades à l'hôpital de Monowitz et une centaine de personnes qui y travaillent. Le médecin-SS demande la liste de tous ceux qui sont capables de marcher. Les médecins-détenus sont chargés de faire cet inventaire. On ne sait pas ce que feront les SS avec ceux qui resteront dans le camp, il est fort probable qu'ils les exécuteront. Le professeur Tadlewski décide de rester à Monowitz malgré tout pour s'occuper des plus faibles, avec lui le docteur Czeslaw Wincenty Jaworski, Alfred Ehrlich, le docteur Bela Fischer, Heimrat et le docteur Woss et quelques autres, ils sont 18.

*« Dans l'hystérie de la peur. »*

Le 18 janvier, alors qu'Albert prépare les détenus à leur marche mortelle, un des SS se tourne vers lui et le frappe. Il tombe au sol. L'homme le regarde et lui assène un violent coup de pied dans le ventre. La douleur est sourde et brutale.

*« Je me relève lentement, mais j'ai mal. »*

Il observe les autres membres de l'hôpital qui se placent derrière des colonnes composées de 1.000 prisonniers. Ses anciens collègues poussent maintenant des charrettes remplies de matériel médical. Le départ est ordonné à 16h, à 19h le dernier groupe quitte par -20°C Monowitz à pied pour une marche de la mort de 60 km. Ils sont munis d'une couverture et d'un peu de nourriture, peu reviendront vivants, ils seront abattus, ou morts d'épuisement et de froid.

Pendant ce temps, il reste à l'hôpital 850 malades. Le docteur Jaworski et le médecin hongrois Voss prennent alors la responsabilité de K.B. Ils sont malades et ont de la difficulté à se mouvoir. Tadlewski ne semble pas se remettre du violent coup de pied reçu. On organise le ravitaillement et un système de rationnement. Le manque d'eau, d'électricité et de chauffage complique grandement l'organisation. Les jours se succèdent, leur détresse est grande et les hommes tombent et meurent comme des insectes. Avec ce sol gelé et leurs corps à bout de force, les survivants ne peuvent pas les enterrer.

Un soir, les bombardements Russes ont touché le camp et ont embrasé deux baraques : c'est le chaos.

*« Huit jours après l'évacuation, tout n'est qu'horreur, mort et putréfaction. »*

Albert reste en vie malgré ses forces déclinantes et cette douleur au foie qui devient de plus en plus forte. Le froid, la recherche de nourriture pour lui et les autres, la promiscuité avec les cadavres, tout demande une énergie depuis bien longtemps perdue. Tant bien que mal, il survit et est présent pour accueillir les Soviétiques le 27 janvier 1945, soit 10 jours après le départ de ses amis vers une autre mort.

Très vite, les Soviétiques prennent en charge les malades et Albert Tadlewski. Jusqu'au 13 mars il demeure dans l'ancien camp où 200 personnes y perdront encore la vie.

*«Où es-tu mon frère ?»*

Son cas est grave, il lui est impossible de rentrer à Nice. Il demande qu'on retrouve son frère, médecin, qui est quelque part ici en Pologne. On le déplace vers Varsovie en attendant. Puis on finit par retrouver la trace d'Edward à l'hôpital de Bydgoszcz dans le nord, mais quelques mois se sont déjà écoulés.

Il est au plus mal.

Il faut maintenant le rejoindre et de nouveau parcourir un long voyage à travers un pays ravagé.

*« Je suis mourant »*

Enfin, les deux frères se retrouvent 7 mois après la libération de Monowitz. Les médecins de l'hôpital décident d'opérer Albert, mais il est bien trop tard, son foie est détruit...

Une vie presque étourdissante,
deux guerres mondiales,
des blessures physiques et morales,
une renommée internationale,
une force de vivre et un amour de la vie,
de prodigieuses et prestigieuses rencontres,
une descendance artistique et familiale,
un grand protecteur et «père» du nom d'Ignacy Jan
Paderewski

Et pourtant...

... On ne se souviendra plus jamais de lui.

*« Nous sommes le 23 septembre 1945,*
*je m'appelle Albert Israël Tadlewski,*
*j'ai 53 ans, et je meurs... »*

# Epilogue

Il me paraît indispensable de dédier ce livre à Franca Tadlewska, 91 ans à l'heure où j'écris ces lignes. J'ai pu malgré la distance lui parler et évoquer l'histoire de son père. Ainsi j'ai eu le privilège de mettre un visage sur un nom et de faire un peu plus connaissance avec Albert Tadlewski au travers du regard de sa fille. Elle me disait qu'il était un bon père et un bon mari, elle m'a confiée qu'il était « brave », mais j'ai compris « brava » en italien : «bon». Je dirais que les jeux de langages font bien les choses, pour moi il fut les deux : brave et bon.

Il a été difficile pour moi d'écrire ce livre, car je ne suis ni écrivaine ni historienne. Il me semblait important de ne pas exprimer de sentiments et de critiques personnels au travers des lignes, ce qui fut pour moi un réel défi.

Mais maintenant, des questions se posent. Il y en a une qui m'obsède particulièrement. Paderewski et Tadlewski entretenaient des liens forts, tout le confirme. Toutes les recommandations, le fait que Paderewski ait choisi Tadlewski tel un ambassadeur musical pour jouer sa fantaisie et son concerto laisse évidemment deviner qu'il avait non seulement une confiance en son jeu pianistique, mais aussi qu'il voulait pour lui une reconnaissance au travers de sa grande notoriété. Ainsi, quel maître remplacerait son élève pour donner les cours à sa place, et ceci en se déplaçant à un âge avancé à des centaines de kilomètres ? Comme lors de ce voyage en Autriche que devait faire Albert Tadlewski pour sauver la jambe de Frank Scully.

Puis vient la lecture du « drame Paderewski », je ne prétends pas accepter ce qui y est écrit, Simone Giron s'étant créé une réputation de folle à la hauteur de ses obsessions, mais je m'interroge. Mettons-nous un temps à la place d'Ignacy Jan Paderewski, il est incroyable de penser qu'il n'eut pu écrire ses dernières volontés en bonne et due forme, d'ailleurs en 1949, un testament fut retrouvé. De plus, le demi-frère de Paderewski, Józef, était toujours vivant, et pouvait donc prétendre à toucher le fameux héritage. Ce qui a été fait après que Monsieur Strakacz renonça finalement à cette succession en 1950. Pendant ce temps Madame Giron était derrière les barreaux. Je vous laisse vous documenter sur ce que l'on a appelé à l'époque « l'affaire Paderewski », vous trouverez beaucoup d'informations sur internet.

L'article de la journaliste polonaise Dorota Szwarcman, écrit en 1997, me semble le plus intéressant et le plus équitable.

En 1953, Józef Paderewski vendit Riond-Bosson à l'Aga Khan III, les charges étaient trop importantes pour lui. Le nouvel acheteur voulait transformer le lieu en Musée Paderewski à juste titre, ce qui n'a jamais été fait, visiblement faute d'aides locales.

La villa était clairement vide à l'époque. Plus étrange, il y eut une série de cambriolages mystérieux, de vols ajoutés à d'autres problèmes qui conduisirent l'Aga Khan III à vendre Riond-Bosson au premier venu un an plus tard. Et puis elle sera vendue, puis revendue. Au fil des ans, la villa fut délabrée, pillée, démembrée, et cela jusqu'aux robinets qui furent arrachés. En 1957, le canton prévoyait la construction d'une autoroute en plein milieu de l'immense et magnifique parc. Et finalement, Riond-Bosson a été démolie en 1966 sans laisser de traces.

Autre chose étrange, le secrétaire de Paderewski, Monsieur Strakacz, fut l'héritier de Madame Wilkowska (décédée 3 mois après Paderewski). Faute de testament, elle était la seule héritière directe, puisque Józef était «mort». Mais à priori sans l'intervention de Madame Giron, l'affaire ne serait pas devenue publique et personne n'aurait su, plus tard, qu'il y avait un testament de 1929 placé dans le coffre d'une banque à Paris. Testament néanmoins différent de celui décrit puisqu'il ne comporte pas la signature de Maître Gonvers présent en septembre 1929 lors de l'écriture.

Plus simplement, je me demande comment un « père » si fier de ses élèves ne leur prévoit pas quelque chose dans un testament bien fait. Des partitions musicales à untel, un piano à un autre, un souvenir à celui-ci, ou même plus. Cela pour une continuité musicale ou tout simplement pour la préservation de ses propres biens, car il ne faut pas l'oublier, avant d'être «président» il était musicien et a donné sa vie au piano. La plupart de ses biens ont finalement été vendus, détruits ou perdus... Pensez-vous que Paderewski aurait aimé voir Riond-Bosson rasé ?

Dorota Szwarcman pense que chaque acteur de «l'affaire Paderewski» avaient des raisons louables et justes mais j'aurai toujours en moi un doute.

Imaginons un testament où il y aurait un paragraphe pour son fils spirituel Albert Tadlewski. Aurait-il été déporté et mort ? Serait-il tombé dans l'oubli ?

Au cours de mes recherches, j'ai pu trouver des bribes de la vie d'Albert Tadlewski et je me suis fiée à ce que j'avais récolté de-ci de-là. Il est important d'écrire que Franca, qui n'a plus revu son père depuis l'âge de 17 ans, et dont la mémoire était vacillante, ne m'a pas confirmé qu'il avait fait des études de médecine. J'ai trouvé cette information dans les pages du livre de Frank Scully, j'ai gardé ceci comme exact malgré tout. D'autant qu'il fut désigné pour soigner les prisonniers au K.B. de Monowitz.

Dans ce même livre de Frank Scully, il est indiqué que Tadlewski avait obtenu le «prix de Rome», c'est a priori faux.

Au début de ma quête, il demeurait un mystère : comment un pianiste avait-il pu survivre si longtemps aux camps de la mort ? Lorsque j'ai pu retrouver sa trace parmi les membres du personnel de l'hôpital, j'étais stupéfaite. Quelles étaient les probabilités pour que je l'identifie dans un camp comprenant des milliers de prisonniers ? Il ne me manquait désormais que la cause de sa mort 9 mois après la libération d'Auschwitz par les Russes et c'est Franca qui me la confia il y a quelques semaines.

Sur son emprisonnement durant la Première Guerre mondiale, je ne pus avoir d'informations supplémentaires, peut-être qu'un jour ce livre trouvera une personne qui aura des réponses.

Je sais que l'Institut International de Nice d'Albert Tadlewski était une vraie institution. Le Conservatoire de Nice récoltera plus tard et encore aujourd'hui le fruit de cet enseignement : Gilbert Becaud fut l'élève d'Albert Tadlewski avant d'entrer au conservatoire. Je ne m'explique d'ailleurs toujours pas comment l'histoire de cet homme est tombée dans l'oubli. Quelle école fait jouer ses élèves dans des salles telles que « le palais de la méditerranée » et cela accompagné d'un orchestre ? J'espère que l'avenir rétablira les choses.

Voici une liste de quelques élèves de l'institut :
Yvonne Saubert (Mac-Intyre) : pianiste
Lucien Delrieu : pianiste, compositeur et artiste peintre.

Marthe Poulain qui ouvrit « l'école de piano d'Albert Tadlewski » au début du boulevard Dubouchage, pendant un certain temps, mais n'eut pas plus de reconnaissance historique que l'institut.

Gilbert Bécaud : chanteur, compositeur et pianiste français.

Elliot Carpenter : Pianiste, compositeur, chef d'orchestre.

Louise Furman : pianiste

Janet Olcott : pianiste

Mais également : Jeanne Patricot, Zerline Gellert, Wladimir Kolytcheff, Claude Brun, Patrice Thompson, Henriette Alemanno, Mimi Villemin, Joan Trump, Eveline Accart, Laetitia Howard, Yvonne Bernheim, Lucie Gallo, Anna Kostoff, Marize Regis, Serge Rabusson, Germaine Barcilon, Léone Ancisse, Simone Porcella, et bien d'autres...

De ce professeur, je ne possède qu'une filiation musicale enseignée par Yvonne Mac-Intyre Saubert, qui fut mon professeur durant 20 ans. En 1934, elle joua au casino d'Evian, sous le patronage du maître Paderewski, le concerto n°2 de Chopin, et nous avons pu conserver une partie de cet enregistrement. Les coupures de presse mentionnent que Paderewski est venu lui donner de précieux conseils avant d'entrer sur scène. Ceci encore une fois, donne le droit à Albert Tadlewski d'être considéré comme son fils spirituel. Je sais que l'enseignement de notre professeur était calqué sur celui de Tadlewski, elle suivit des cours avec lui durant de nombreuses années. Elle enseignait dans une tradition et une transmission pures, sans retenue. Au fond, je sens bien ce qui devait être enseigné dans son institut.

Je souhaitais aussi immortaliser dans ce livre toute l'amitié que j'ai pour un de ses élèves, Christian Dupont, et envoyer jusqu'au ciel mes douces pensées à Marc qui aurait aimé lire ce livre et en discuter avec nous.

*Aujourd'hui - septembre 2017 -, je reprends ce texte, car j'ai eu la tristesse d'assister aux obsèques de Christophe Racle, un autre élève de ma génération, il avait 42 ans. Je lui dédie à lui aussi ce livre qu'il n'a pas pu lire malheureusement.*

Après la mort d'Albert, sa magnifique collection de timbres sauvée par l'un de ces grands amis, directeur d'une parfumerie de Grasse, fut vendue. Avec l'argent récolté, Erminia et ses filles purent construire une maison à Turin. C'est en cherchant dans de vieux almanachs italiens que je pus retrouver cette adresse et par chance, Laura, la fille de Franca.

Je retiens de cet homme qu'il était bon, doué et opiniâtre, mais que toute sa vie il dut lutter contre des forces obscures qui l'empêchaient d'avancer sereinement. Il a toujours erré entre chance et malédiction, une destinée romantique baudelairienne. Pour chaque pas avancé, il y avait un obstacle. Jusqu'à aujourd'hui d'ailleurs, où son nom devrait être noté dans les livres et être gravé sur des plaques de marbre. Il était le passeur musical des grands maîtres de l'époque, doublé d'un grand concertiste. Et si sa vie artistique ne suffisait pas, il devint l'un des acteurs essentiels des camps de la mort, infirmier de l'hôpital de Monowitz/Auschwitz, sauvant des vies et contribuant à la résistance. Une vie d'exception qui aurait dû le placer dans l'Histoire.

Alors oui, j'ai choisi ce titre : **«Albert Tadlewski, le fils spirituel d'Ignacy Jan Paderewski»**, pour que cette malédiction cesse enfin...

Marjorie Bernadac
Juillet 2017

Documentation

# Albert Tadlewski

# THEATRE DES CHAMPS-ÉLYSÉES

sous le haut patronage de

**M. Albert LEBRUN,** Président de la République Française et de **M. Ignace MOSCICKI,** Président de la République de Pologne

# FESTIVAL DE MUSIQUE POLONAISE

### à l'occasion du centenaire de l'arrivée de CHOPIN en France
### au profit de la FONDATION FOCH

## Samedi 25 Juin 1932, en Matinée, à 15 heures
## RÉCITAL CHOPIN

par

# I. J. PADEREWSKI

## Lundi 27 Juin 1932, en Soirée, à 21 heures
## CONCERT DE MUSIQUE POLONAISE CONTEMPORAINE

sous la direction de

# Grégoire FITELBERG
### Directeur de la Philharmonie de Varsovie

avec le concours de

# Paul KOCHANSKI
# Arthur RUBINSTEIN
# Albert TADLEWSKI
## Orchestre des CONCERTS STRARAM

## Mardi 28 Juin 1932, en Matinée, à 15 heures
## CONCERT DE MUSIQUE POLONAISE ANCIENNE

# WANDA LANDOWSKA
### et son Ecole de Saint-Leu-la-Forêt

Pianos ERARD — GAVEAU — PLEYEL — Clavecin PLEYEL

**PRIX DES PLACES pour l'ensemble du Festival :** Loge de Corbeille, la place 250 fr. - Fauteuil de Corbeille 200 fr. - Orchestre 200 fr. Première Loge de face, la place 150 fr. - de côté, la place 125 fr. - Baignoire, la place 125 fr - 1er Balcon, 1e série 100 fr. - 2e série 75 fr. Deuxième Balcon, 1e série 60 fr. - 2e série 45 fr. - Loge de Galerie, la place 40 fr. - Fauteuil de Galerie 30 fr.

**LOCATION** au THÉATRE DES CHAMPS-ÉLYSÉES, 15, Avenue Montaigne - chez DURAND, 4, Place de la Madeleine et à l'Administration de Concerts A. et M DANDELOT, 83, Rue d'Amsterdam et dans les Agences.

M. PADEREWSKI est représenté par MM. A. et M. DANDELOT
MM. KOCHANSKI et A. RUBINSTEIN sont représentés par M. M. de VALMALÈTE
Mme WANDA LANDOWSKA est représentée par MM. KIESGEN et YSAYE
Le Festival est organisé par MM. A. et M. DANDELOT, 83, Rue d'Amsterdam, Paris

Affiche du «Festival de musiques polonaises» 1932

Albert Tadlewski à Nice vers 1920

Classe de Filles à «l'Institut International de Musique de Nice»
avec Albert Tadlewski au piano
et Yvonne Saubert/Mac Intyre - 3ème à droite -

Albert Tadlewski - Coupure de presse

**CALENDRIER**

DU GROUPEMENT

# DES ORGANISATEURS DE CONCERTS

| CE SOIR | Gaveau, 9 h. (Valmalète). Arthur **RUBINSTEIN** |
| CE SOIR | Ec. Norm. de Mus., à 9 h. (Dandelot) Récital de piano **Yvonne LEFEBURE** |
| Demain **21** Juin | Opéra, 21 h. (Delgrange) **SCHIPA** |
| Mercredi **22** Juin | Salle Gaveau (Boquel) **ENESCO** (Dern. récital de la sais.) |
| Vendredi **24** Juin | Ec. Norm.,9 h.(Valmalète) **PODESTA RUMMEL** |
| Samedi **25** Juin | Th. des Ch.-Elysées, à 3 h. (Dandelot) Récital Chopin **PADEREWSKI** |
| Lundi **27** Juin | Th. des Ch.-Elysées, à 9 h. (Dandelot) **Fitelberg-Kochanski Rubinstein-Tadlewski** |
| Mardi **28** Juin | Th. des Ch.-Elysées, à 3 h. Musique polonaise anc. **WANDA LANDOWSKA** |
| Mardi **28** Juin | Gaveau, 21 h.(Delgrange) L'Opérette vienn. p. Willy **THUNIS** et l'Orch. symph. de Paris |
| Mercredi **29** Juin | Ch.-Elys., 9 h. Dandelot Gala de danses **NIKITINA** |

Location ouverte pour tous les concerts ci-dessus aux salles respectives, chez Durand et chez l'organisateur

Ci-dessus :
Coupure de presse Figaro juin 1932

## HUMAN INTEREST STORY

This anecdote about Paderewski comes from Nice, where he played not long ago. After the concert, a young Pole, who wore thick glasses groped his way to the artist's side and introduced himself. He was Albert Tadlewski, partially blinded in the war, teacher of piano. The famous pianist had heard of Tadlewski, who had had a successful concert season in the European capitals interrupted by an attack of typhoid fever. He was convalescing in Nice, making a little money at teaching.

Scorning more impressive escorts, Paderewski left the concert hall with the young man. They turned into Tadlewski's modest villa in a side street. There Paderewski ordered the other to play something. At its conclusion, "Continuez!" said the master. Then he listened to the youthful genius for more than two hours.

"Good," exclaimed the maestro, when the concert was ended. "I shall return from Paris in a month to play for your pupils, and you will spend the summer with me in Switzerland—on one condition."

"Yes," murmured the trembling teacher.

"That you double your prices afterwards."

Tadlewski has doubled his prices, for Paderewski kept his word, came back to play for the young man's pupils and to hear them play. He acclaimed their instructor as a very great teacher. People heard of it and are glad to pay extra to have their children under the tutelage of a man Paderewski endorsed.

* * *

Coupure de presse
«Alton Evening Telegraph» 6 juin 1929

## RADIO-PARIS

9 h. Diffusion du concert donné par la Société des Concerts du Conservatoire. Orchestre sous la direction de M. Philippe Gaubert, avec le concours de M. Tadlewski, et Mme S. Montaut : Symphonie pastorale (Beethoven) ; Concerto en la mineur, pour piano et orchestre (Paderewski), interprété par M. Tadlewski ; Deux mélodies espagnoles (Joaquin Nin) ; L'Amour sorcier (M. de Falla), interprétée par Mme Montaut ; Bourrée fantasque (Chabrier). 12 h. Orchestre. Musiques po-

Coupure de presse «Le petit journal» 1933

**V**OUS êtes prié d'honorer de votre présence le concert donné par les pianistes : Ady CLERICY, C. LAFOGLIA, T. MASLOFF, M.-Th. PANDOLFINI, F. PANZINI, M. PIGGOTT, A. RASPINI, I. de REEDE, M. RICHARDSON & Y. SAUBERT, élèves de ——

## Albert TADLEWSKI

Dimanche 22 Avril, en matinée à 4 h. précises au Théâtre Victor-Hugo.

Carton d'invitation au concert des élèves

Stanislaw Szpinalski, Zygmunt Dygat, Albert Tadlewski, Henryk Sztompka et Aleksander Brachocki, 1931

Riond-Bosson, Albert Tadlewski à gauche d'I.J. Paderewski

Les élèves de I.J. Paderewski
à Riond-Bosson durant les stages d'été
Albert Tadlewski 2ème à droite

Les élèves de I.J. Paderewski à Riond-Bosson durant les stages d'été
Albert Tadlewski 2ème à gauche

*Copy of photograph from the collection of the Centre for the Documentation of 19th- and 20th-Century Polish Music*

I.J. Paderewski avec les enfants à Riond-Bosson été 1932
Les jumelles d'Albert Tadlewski à la gauche du maître

1936, Albert Tadlewski à gauche, Mme Wilkonska, I.J. Paderewski, Mr et Mme Fritz Kreisler, Mr et Mme Ernest Schelling, le personnel de Riond-Bosson, Aniela et Anetka Strakacz à droite.

Albert Tadlewski, I.J. Paderewski et son épouse Madame Paderewska

Coupure de presse : I.J. Paderewski, Ernest Schelling, Albert Tadlewski, Fritz Kreisler

py of photograph from the collection of the Centre for the Documentation
19th- and 20th-Century Polish Music

CASIN

AU THÉÂT

AUR

UN FE

TA

Soliste de

Au bénéfice de l'Œuvre de

AU PROGRAMM

Piano de Concert de la M

PRIX DES PLACES de **5** à **35** frs —

Concert au bénéfice de l'oeuvre de la «Goutte de lait» Nice - 1941

# UNICIPAL DE NICE

JEUDI **27** MARS 1941, à 15 heures précises

/AL **CHOPIN**

*le célèbre pianiste*

# Albert

# LEWSKI

té des Concerts du Conservatoire

# OUTTE DE LAIT"

Audition Intégrale des 24 Préludes
Sonate funèbre op. 35, Polonaises,
Etudes, etc.

**AURE,** 25, Av. de la Victoire à NICE

ion au Casino Municipal de Nice

# ÉCOLE DE PIANO
## Albert TADLEWSKI
29, Boulevard Dubouchage, 29
### NICE

# Concerts d'Elèves
## d'Albert TADLEWSKI

**Les 22 et 29 Mai, 5, 12 et 19 Juin 1937**
à 16 h. 30

Programme du concert des élèves juin 1937

**XI. - Samedi 22 Mai.**

1. Chopin ............. Nocturne.
   Schumann-Liszt ...... A ma Fiancée.
   
   Lucie Gallo

2. Chopin ............. Mazurka.
   Debussy ............. Jardins sous la pluie.
   
   Eveline Accart

3. Liszt ................ Consolation N° 6.
   Grieg ............... a) Oisillon.
                        b) Papillon.
   
   Wladimir Kolytcheff

4. a) Couperin .......... Sœur Monique.
   b) Rameau .......... Musette en Rondeau.
   c) Paderewski ....... Chant d'amour.
   d) Chopin ........... Polonaise en do dièze.
   
   Zerline Gellert

6. Chopin .............. a) Mazurka.
                        b) Trois Ecossaises.
                        c) Valse brillante en la.
   
   Yvonne Mac Intyre

6. Tschaïkowsky ........ Concerto op. 23 pour piano et orchestre.
   
   Anna Kostoff

**XII. - Samedi 29 Mai**

# Recital LUCIE GALLO

1. Bach-Liszt .......... Prélude et fugue en la mineur.
2. Chopin ............. a) Nocturne.
                        b) Ballade en la bémol.
                        c) Andante spianato et Polonaise.
3. a) Glinka-Balakirew . L'Alouette.
   b) Rachmaninoff ..... Valse.
   c) Respighi ......... Nocturne.
   d) Terestchenko ..... Serioso Capricioso, Armonioso.
   e) Paderewski ....... Burlesque.
   f) Debussy ......... Danse.
4. a) Chopin-Liszt ...... Mes joies.
   b) Liszt ............. Rhapsodie hongroise n° 10.

**XIII. - Samedi 5 Juin**

1. Mendelssohn ........ Capriccio pour piano et orchestre.
   Marize Regis

2. a) Chopin ............ Nocturne.
   b) Liszt ............. Valse Impromptu.
   Serge Rabusson

3. Ravel ............... Ma Mère l'Oye :
   1. Pavane de la Belle au Bois Dormant.
   2. Petit Poucet.
   3. Laideronette.
   4. La Belle et la Bête.
   5. Jardin féérique.
   Eveline Accart et Germaine Barcilon

4. a) Ibert............. Petit Ane blanc.
   b) Liszt............. Rêve d'Amour.
   Lucie Gallo

5. Godowsky .......... Gamelan.
   Paderewski ........ Thème varié.
   Cracovienne fantastique.
   Yvonne Mac Intyre

6. Mendelssohn ........ Concerto en Sol mineur pour piano et
   orchestre.
   Eveline Accart

**XIV. - Samedi 12 Juin**

1. Beethoven .......... Concerto en mi bémol pour piano et
   orchestre.
   Anna Kostoff

2. a) Beethoven ....... Rondo en sol.
   b) Brahms .......... Rhapsodie en sol mineur.
   Germaine Barcilon

3. a) Chopin .......... Deux Valses
   b) Poldini ........... Marche Mignonne.
   Léone Ancisse

4. a) Ravel ............ Jeux d'eau.
   b) Liszt ............. Rhapsodie hongroise n° 15.
   Eveline Accart

5. Séverac ............ Coin de cimetière au printemps.
   Rachmaninoff........ a) Mélodie.
   b) Prélude.
   Simone Porcella

6. a) Mendelssohn....... Romance.
   b) Schumann........ Un Soir.
   c) Liszt.............. Il Sospiro.
   Laetitia Howard

7. Chopin............... Concerto en fa mineur pour piano et
   orchestre.
   Yvonne Mac Intyre

## XV. - Samedi 19 Juin

1. a) Scarlatti ......... Pastorale et Capriccio.
   b) Daquin ........... Coucou.
   c) Liszt ............. Valse oubliée.
   Jeanne Patricot
2. Mozart ............. Concerto en do mineur pour piano et orchestre.
   Zerline Gellert
3. Beethoven .......... Sonate n° 20.
   Levine .............
   Wladimir Kolytcheff
4. Chopin ............. Valse en la mineur.
   Claude Brun
5. Debussy ........... Sérénade of the doll.
   Patrice Thompson
6. Chopin ............. a) Deux Mazurks.
                        b) Fantaisie Impromptu.
   Henriette Alemanno
7. Moszkowski ........ a) Siciliano.
                        b) Momento gioioso.
   Mimi Villemin
7. a) Debussy ........ Cathédrale engloutie.
   b) Arensky ........ Barcarolle.
   c) Schubert-Liszt .... Wohin.
   d) Rachmaninoff .... Valse en la.
   Joan Trump
9. Paderewski.......... Sonate op. 21.
   Eveline Accart
10. a) Schumann........ Pourquoi?
    b) Liszt............. 3° Nocturne.
    Laetitia Howard
11. Franck.............. Variations symphoniques pour piano et orchestre.
    Yvonne Bernheim

**I.J.P.**

RIOND-BOSSON.
MORGES. SUISSE.
1. XI. 1934.

Monsieur le Commandeur,

Je viens d'apprendre que vous tenez à connaître mon opinion sur Mr Albert Tadlewski, avant de lui offrir la possibilité de se faire entendre par le grand public Milanais. Très sensible à cette délicate marque d'attention de votre part, bien que je n'aie pas l'honneur d'être personnellement connu de vous, je me fais le plus agréable devoir de vous communiquer mon avis.

Mr Tadlewski est un artiste de haute valeur. Il a déjà beaucoup joué en public, notamment à Paris où ses concerts avec l'orchestre du Conservatoire (honneur rarement accordé aux étrangers) ont obtenu un réel succès.

Lettre incomplète manuscrite de I.J. Paderewski recommandant Albert Tadlewski - 1934

Name und Vorname: ___ T a d l e w s k i   Albert Israel ___ (3760)

geb.: 6. 2. 93 ___ zu: ___ Lemberg ___

Wohnort: ___ Cannes, Dep. Alt - M., 11. Boulevard Mont Fleury ___

Beruf: ___ Klaviervirtuose ___   Rel.: r.kath.

Staatsangehörigkeit: Pole ___   Stand: verh.

Name der Eltern: ___   Rasse: ___

Wohnort: ___

Name der Ehefrau: Erminia, geb. Farinetti ___   Rasse: ___

Wohnort: Novara, Lago maggiore, Italien, S.S. Arthuro Farinetti.

Kinder: ___ 2 ___ Alleiniger Ernährer der Familie oder der Eltern: ___

Vorbildung: ___

Militärdienstzeit: ___   von — bis ___

Kriegsdienstzeit: ___   von — bis ___

Grösse: 1,80 ___ Nase: normal ___ Haare: grau ___ Gestalt: kräftig

Mund: normal ___ Bart: keinen ___ Gesicht: oval ___ Ohren: normal

Sprache: deutsch,franz.,engl.,ital.,poln. Augen: grau ___ Zähne: Gebiss

Ansteckende Krankheit oder Gebrechen: ___ keine ___

Besondere Kennzeichen: ___ keine ___

Rentenempfänger: ___

Verhaftet am: ___ wo: ___

1. Mal eingeliefert: 10.10.1943 ___ 2. Mal eingeliefert: ___

Einweisende Dienststelle: ___ RSHA IV B 4 a 3233 /41 g/1085/

Grund: ___

Parteizugehörigkeit: keine ___ von — bis ___

Welche Funktionen: ___

Mitglied v. Unterorganisationen: ___

Kriminelle Vorstrafen: ___ angeblich keine ___

Politische Vorstrafen: ___

Ich bin darauf hingewiesen worden, dass meine Bestrafung wegen intellektueller Urkundenfälschung erfolgt, wenn sich die obigen Angaben als falsch erweisen sollten.

**v. g. u.**                    **Der Lagerkommandant**

Archiwum Muzeum Auschwitz/Auschwitz Museum's Archive

KL/42/4.43 500.000

Document d'entrée au camps d'Auschwitz

| | | | | | | |
|---|---|---|---|---|---|---|
| 16573 | 157012 | Galizia, Morits Isr. | | • | 30.12.43 | Entlassen |
| 16574 | 131306 | Tomaschik, Franz | | • | 28.12.43 | Entlassen |
| 16575 | 131289 | Onita, Josef | | • | 30.12.43 | † |
| 16576 | 169857 | Landau, Isak Isr. | | • | 29.1.44 | Entlassen |
| 16577 | 114050 | Krummenauer, Heinrich | | • | 30.12.43 | Entlassen |
| 16578 | 116816 | Kupfer, Werner Isr. | | 26.12.43 | 26.12.43 | † |
| 16579 | 157146 | Tadlewski, Albert Isr. | | • | 13.3.44 | als Pfleger abgemeldet |
| 16580 | 113458 | Bomke, Helmut | | • | 4.1.44 | Entlassen |
| 16581 | 144361 | Ruczewski, Majer Isr. | | • | 7.1.44 | nach Birkenau |
| 16582 | 144336 | Michalski, Abram Isr. | | • | 5.1.44 | Entlassen |
| 16583 | 164490 | Elbaz, Jakob Isr. | | • | 4.1.44 | Entlassen |
| 16584 | 152005 | de Metz, Salomon Isr. | | • | 7.1.44 | Entlassen |
| 16585 | | | | | 8.1.44 | † |

Registre de l'infirmerie d'Auschwitz/Monowitz mentionnant le nom d'Albert Tadlewski

*Alpes Maritimes*

NOM – Prénoms : TADLEWSKI Albert

Date de naissance : 6.2.42 Lwow
Polonais

Domicile actuel :

Profession au moment de l'arrestation : pianiste

Date et lieu d'arrestation : 1.9.43 Nice

Motif d'arrestation : rafle . racial

Camps et prisons d'internement : Drancy

Date de départ en déportation : 6.10.43

Camps de concentration : Auschwitz . Monowitz

Rentré – non rentré : 13.3.45
† 23.9.45 Bydgoszcz

Document réalisé après guerre par le «Comité d'histoire de la 2ème guerre mondiale»

# Remerciements

Ce livre m'a demandé trois années de recherches actives, et cela particulièrement sur internet.

Beaucoup d'emails ont été envoyés, certains sont restés sans réponse, d'autres au contraire m'ont permis de «rencontrer» des personnes qui semblaient impliquées dans ce projet.

Ainsi, je voulais remercier particulièrement :

**Ewa Bazan :**
(Biuro ds. Byłych Więźniów Archiwum Muzeum Auschwitz-Birkenau) du Bureau des anciens prisonniers - archives du « Museum Auschwitz-Birkenau »

**Heike Müller :**
Département service pour utilisateurs au Service International de Recherches (ITS)

**Trevor Culley :**
HSV Media Database Contractor
Holocaust Survivors and Victims Resource Center, United States Holocaust Memorial Museum

**Angélique Rochetaing :**
de l'état civil de Nice

**Carol A. Leadenham :**
Assistant Archivist for Reference - Hoover Institution Archives - Stanford

**Cécile Lauvergeon :**
Documentaliste au Service Archives - Mémorial de la Shoah

**Evelyne Castelli :**
du site « Nice occupation » qui m'a envoyé spontanément mes premiers documents importants pour mes recherches et qui a toujours répondu à mes emails avec gentillesse et passion.

**Magdalena Stafiej :**
P.A. to General Manager - Antoni Jurasz University Hospital no. 1 in Bydgoszcz, de l'hôpital de Bydgoszcz où Albert Tadlewski est décédé.

**Justyna Szombara :**
Instytut Muzykologii UJ - Ośrodek Dokumentacji Muzyki Polskiej - XIX i XX wieku im. I.J. Paderewskiego, Institut de musicologie de l'Université Jagellonne - Centre de Documentation de la musique polonaise - du XIX et du XXe siècle - I.J. Paderewski

**Et les sites internet qui m'ont permis de trouver des informations importantes, en particulier :**

• Le site « Gallica » de la Bibliothèque Nationale de France
• www.jewishgen.org
• www.jri-poland.org

**Et beaucoup d'autres sites où l'on pouvait retrouver les fragments de la vie d'Albert Tadlewski.**

**De façon plus personnelle, je souhaite remercier :**

Bruno Robilliard, qui partage ma vie, il a su porter avec empathie ce projet en étant mon lecteur attentif et mon interlocuteur passionné.

Laura la petite fille d'Albert Tadlewski et sa mère Franca Tadlewska.

Christian Dupont pour sa sensibilité et pour la filiation musicale que nous avons en commun au travers de notre professeur Yvonne Saubert/Mac Intyre.

Christophe Racle, élève de Madame Mac Intyre, qui m'a confié quelques documents originaux de l'institut d'Albert Tadlewski, il n'aura jamais pu lire ce livre, la maladie l'emporta le 31 août 2017 à l'âge de 42 ans.

Mes parents qui ont suivi le cours de mes recherches avec attention.

La famille Zajtmann pour leur écoute, leur partage et leur vision de l'histoire.

Bogéna Gidrol pour sa passion, sa sensibilité ainsi que pour son aide précieuse.

Sophie et Gilles Scemama qui m'ont donné l'élan de réaliser ce livre ainsi que l'espoir de voir le nom d'Albert Tadlewski inscrit dans le marbre.


**Ainsi que :**


*L'esprit d'Albert Tadlewski qui a guidé mes pas...*

# Bibliographie

**Contribution à l'histoire du KL Auschwitz.**
Antoni Makowski
Oswiecim, Musée d'Etat, 1978

**De l'université aux camps de concentration : Témoignages strasbourgeois.**
Robert Waitz
Presses Universitaires de Strasbourg, 12 avril 1995

**Cross my heart**
Frank Scully
Greenberg, 1955

**Le drame Paderewski**
Simone Giron
Editions de l'Epée, 1948

**Le vérité sur le prétendu drame Paderewski**
André Baumgartner
Editions de la citée Genève, 1948

**The Evacuation, Dismantling and Liberation of KL Auschwitz**
Andrzej Strzelecki
Auschwitz-Birkenau State Museum, 1/01/2001
**Si c'est un homme**
Primo Levi
Robert Laffont, 28 mars 2002

**Rapport sur Auschwitz**
Primo Levi
Editions Kimé, 10 janvier 2005

**I. J. Paderewski, esquisse de sa vie et de son œuvre**
Opienski Henryk
Spes, 1929

**Paderewski As I Knew Him**
Aniela Strakacz
Rutgers university press, 1949

**Słownik pianistów polskich**
Dybowski Stanisław
Selene, 2003

# Table des matières

Première édition imprimée sur les presses de «Lulu.com»
Dépôt légal novembre 2017
ISBN : 978-2-9561484-0-1

Ce texte est composé en Georgia
Copyright : Marjorie Bernadac

www.tadlewski-albert.com

www.ingramcontent.com/pod-product-compliance
Lightning Source LLC
LaVergne TN
LVHW051640080426
835511LV00016B/2416